말의 힘을 높이면
꿈이 이루어진다!

말의 힘을 높이면 꿈이 이루어진다!

와타나베 야스히로 지음 | 최윤경 옮김

두드림미디어

좋아하는 일을 하면서 돈을 벌고 싶나요? 그렇다면 주저하지 말고 이 책에서 이야기하는 것처럼 좋아하는 일을 하면서 돈을 벌고 싶다고 적어보기를 바랍니다.

저는 '법인박사'라고 합니다. 현재 6개 법인회사를 운영하고 있으며, 21개 비상장법인의 주요 주주로서 경영을 관리하고 있습니다.

말과 글의 힘에 관한 저의 에피소드를 말씀드리겠습니다. 저는 직장에 다니던 시절에도 수많은 사업을 해보고 싶어서 다이어리에 50가지 사업을 해보고, 모두 성공시키고 싶다는 목표를 적었습니다. 지금은 그 꿈들이 하나씩 이루어지고 있습니다. 종이에 글을 쓰면 잠재의식이 목표를 이루기 위해 행동하게 만들고, 결국에는 좋은 기운과 결과를 만들어낸다고 믿습니다.

이 책은 성공을 위해 말을 어떻게 하고, 어떻게 써야 하는지 막연한 독자들에게 구체적인 방법을 알려주는 단비와 같은 실천서가 될 것입니다. 이 책을 발견한 여러분들은 행운이 있는 분들입니다. 속는 셈치고 실천해보면 많은 변화가 있을 것입니다.

법인박사, ㈜위고수 대표, 브랜드메이커, 사업가
강형욱

말의 힘을 높이면 꿈이 이루어진다!

누구든 성공하고 싶어 합니다. 누구든 꿈을 이루고 싶어 합니다. 꿈의 실현을 가속화하고 싶은 사람이라면 반드시 읽어야 할 책이 이 책이 아닐까 싶습니다. 하지만 그런 이야기는 믿을 수 없다는 사람들이 대부분일 것입니다. '꿈'이란 결국 실현되지 않는다고 체념하고 있는 사람, 자기 계발 도서에 질려 있는 사람일수록 이 책을 꼭 읽어 보시기를 강력히 권해 드립니다.

꿈은 누구나 이루고 싶은 것이라고 생각합니다. 저도 여러 책을 읽으며 꿈의 실현에 관해 공부해왔습니다. 그런 가운데 저 역시 '말'은 매우 중요하다고 생각해왔는데, 이 책의 제목이 바로 '말의 힘을 높이면 꿈이 이루어진다'입니다. 바로 제가 중요하게 생각했던 말들에 관해 다룬 책이죠. 그래서 이 책은 꼭 번역되어 나왔으면 좋겠다고 생각했는데, 드디어 이번에 번역 출판이 이루어져서 저도 참 기쁩니다.

이 책은 꽤 농도가 짙은 한 권이며, 꿈을 이루어 나가기 위한 힌트가 가득합니다. 그래서 한 번 읽는 것만으로는 모든 것을 실행할 수 없을 정도로 인사이트가 넘쳐나서 몇 번이고 반복해서 읽고 싶다는 생각이 드실 것입니다. 부디 이 책이 대한민국의 꿈을 잃고 살아가는 많은 사람에게 희망과 용기를 주었으면 좋겠습니다.

퍼스널비즈니스 협회 회장, 나홀로비즈니스스쿨 대표
서승범

"고맙습니다."

이 책의 추천사를 쓰고 있는 지금 이 순간도 감사합니다. 저는 프랜차이즈 대표 이력을 가진 17년 차 창업전문가이자, 영업회사의 대표입니다. 직장인에서 회사 대표가 되기까지, 저 역시도 흔히 이야기하는 '끌어당김의 법칙'을 활용한 장본인입니다. 무의식, 잠재의식의 힘을 곡해 없이 받아들이고, 원하는 목표를 이루어내고 있음을 단 한 번도 의심한 적이 없습니다.

'긍정적인 마음가짐으로 좋은 기운을 끌어당긴다'라는 사실은 모두가 이미 압니다. 그리고 자기가 원하는 미래를 정한 후 말로 이야기하거나 글로 적는 방법 역시 알고 있습니다. 하지만 어떤 책을 읽어봐도 '어떻게(HOW)'에 대한 이야기를 다루지는 않습니다.

이 책은 바로 '어떻게(HOW)'에 초점을 맞춘 실전 비법서와 같은 책입니다. 말의 힘을 높이는 방법, 잠재의식 속 무한한 가능성을 구체화해 활용하는 방법을 쉽게 전달하고 있습니다.

저는 일본 최고의 마케터이자 경영컨설턴트인 간다 마사노리를 존경합니다. 이 책의 저자 역시 그의 가르침을 받았습니다. 간다 마사노리를 알고 있다면, 이 책은 분명 우리가 체화시켜야 하는 실전서라는 것을 꼭 명심하길 바랍니다.

'시크릿', '끌어당김의 법칙'을 삶에 적용하고 있지만, 마음 한 편에 2%의 부족함이 있지 않았습니까? 실전 비법서 같은 이 책이 분명 마침표를 찍어줄 거라고 확신합니다. 그리고 제 추천사가 왜 '감사'로 시작하게 되었는지 이유도 알게 될 것입니다.

(주)특창사 대표, 프랜차이즈 인큐베이팅 전문가
이근우

말의 힘을 높이면 꿈이 이루어진다!

써도 써도 이루어지지 않는 꿈을 가진 모든 이에게

말에 깃든 '힘'을 높이면 꿈은 반드시 이루어진다

꿈은 '말'로 해서 종이에 쓰면 움직이기 시작한다. 다시 한번 말하겠다.

꿈은 '말'로 해서 종이에 쓰면 움직이기 시작한다. 그렇다, 말로 하면 실현할 수 있다.

"겨우 이거면 되는 거야?"

맞다! 이것으로 나는 여러 가지 일을 실현해왔다.

지금으로부터 15년 전, 내 인생에서 처음으로 벼랑 끝에(처음으로 내 인생은 바닥을 쳤다) 서게 되었다. 대학 입시에 2번이나 실패했고, 친했다고 생각했던 친구는 연락이 되지 않았다. 몸무게도 20kg이나 늘었다. 자신이 없어져 누구도 만나고 싶지 않았다. 내 인생 앞에 큰 벽이 서 있는 것만 같아서 모든 것을 끝내버리고 싶다는 생각까지 들었다.

하지만 나는 한 권의 책과 만남으로써 변할 수 있었다. 그 책 덕분에 속독할 수 있게 되었다. 그리고 나는 '부족한 자신을 바꾸고 싶다', '자신감을 가지고 싶다', '친구가 필요하다', '하고 싶은 것을 발견하고 싶다', '좋아하는 일을 하며 돈을 벌고 싶다'라고 바라며 책을 탐독했다. 그리고 《꿈의 실현》 책에 쓰여 있던 '꿈을 말로 해서 종이에 쓰는 것'을 실천함으로써 기적이 일어나기 시작했다. 하지만 당신은 이 말을 보고 이렇게 생각할지도 모른다.

'쓰면 이루어진다는 내용은 다른 책에도 많이 쓰여 있는 거 잖아?'
'써봤자 결국 이루어진 적 없어!'

화나는 기분도 이해한다. 하지만 잠깐 내 이야기를 들어주길 바란다. 여기에는 숨겨진 비밀 법칙이 있다.

나는 꿈을 씀으로써…
친구가 생긴다, 애인이 생긴다, 어떻게든 들어간 대학에서 대부분의 과목에서 높은 성적을 받는다, 말도 안 될 정도의 대금이 들어온다, 만나고 싶은 사람과 만난다, 가고 싶은 장소에 갈 수 있게 된다, 하고 싶은 일을 하게 된다…. 인생의 벼랑 끝에서는 생각할 수 없을 정도의 기적 같은 일이 일어나기 시작한다.
물론, 그저 쓰기만 한 것은 아니다. 느끼지 못한 사이에 나는 어떤 방법을 더하고 있었다. 이것은, 말에 깃든 '힘'을 높이는 방법이다.

말의 힘을 높이면 꿈이 이루어진다!

최신 이론에서 도출해내다!

언젠가 어떤 일본의 톱 아티스트가 "모든 글자 하나하나에는 신이 머물고 있다"라고 말한 적이 있다. 말을 통해 생각을 전달하는 직업인 아티스트이기에 직감적으로도, '말에는 신이 머물고 있다'라고 이해하고 있었을 것이다. 이것이 힌트였다.

예로부터 일본에서는, 신의 메시지를 이미지로 받아들이는 '신탁(神託)'을, '와카(和歌, 일본 고유 형식의 시)'라는 말로 표현하기도 했다고 한다. 말에는 역시 뭔가를 실현하는 비밀이 있다.

나는 스스로 만들어낸 '공명 리딩'이라는 독서법으로 책을 빠르고 깊게, 그리고 많이 읽을 수 있다. 이 방법으로 경제·경영서부터 세계의 신화, 종교, 뇌과학, 인지심리학, 양자물리학에 관한 2만 권 이상의 책을 읽고 실천하고 있다. 게다가 매주, 매달 출간되는 주간지, 여성지, 만화책까지도 읽고 있다. 뒤에서 자세히 소개하겠지만, '베스트셀러 소설이나 흥행한 영화가 왜 많은 사람의 마음을 사로잡는지'를 분석한 최신 이론과 최신 뇌과학, 양자물리학이나 심리학 증거로부터 지금까지 아무도 눈치채지 못했던 '숨겨져 있던 궁극의 성공법칙'을 도출해냈다.

그리고 마침내 지금 이 책에서 전하고 있는 말에 깃든 '힘'을 높이는 방법을 발견한 것이다. 그것은 바로 '한 글자 한 글자에 깃든 신을 일깨우는' 방법이다. 단지, 이 '힘'을 깨달은 것은 한참이나 나중의 일이었다. 그때까지는 나도 직감적으로 말에 깃든 '힘'을 증폭시키는 방법을 행하고 있었다. 그저 무의식적으로 말의 힘을 느끼고, 말의 힘을 높이고 있었다.

나는 더욱더 소망을 가속화하고 성취해나갈 것이다. 회사를 처음 세울 때 관여했던 회사는 0에서 시작해 8억 엔의 이익을 내며, 이후 도쿄증권거래소 마더스에 상장했다. 경영 컨설턴트로 유명한 간다 마사노리(神田昌典)의 사업 파트너로 있다가 독립한 후에는 1년 만에 2,000만 엔의 매출을 달성했다. 많은 클라이언트를 성공으로 이끌었다. 매출이 몇 배나 오른 기업이나 역대 기업도 많이 배출했다.

하지만 나는 결코 우수한 사람이 아니다. 대학 입시에서는 삼수를 했고, 심지어 들어간 곳은 야간대학이었다. 20살까지를 기준으로 한다면, 나보다 우수한 사람은 얼마든지 있을 것이다. 그렇다면 나와 그 외의 많은 사람과의 차이는 무엇이었을까?

내가 한 일은 굉장히 단순하다. '말'로 해서 종이에 썼을 뿐이다. 이렇게 해서 단지 '말의 힘'을 높였을 뿐이다.

꿈을 써서 이룬 사람은 알지 못하는 사이에
'어떤 힘'을 더하고 있다

물론 이것이 나에게만 일어난 일이라면 굳이 책으로 정리할 필요는 없을 것이다. 최신 이론에 따라 이 방법을 구축하는 과정에서 실제로 이 방법을 주변 사람들에게 전했더니 다들 자신들의 꿈을 이룰 수 있었다. 게다가 작은 것부터 큰 것까지 다 실현되었다.

말의 힘을 높이면 꿈이 이루어진다!

"회사를 상장할 수 있게 되었습니다. 운 좋게, 자사주도 구입할 수 있어 수십억 엔의 자산이 생겼습니다."

"결혼은 솔직히 포기하고 있었는데 이상형인 사람을 만나 결혼할 수 있었습니다."

"놀랍게도 꿈꾸던 맨션을 구입할 수 있었습니다."

"창업 후, 바로 100사 가까운 클라이언트가 모였습니다."

"텔레비전 출연이 결정되었습니다."

"출판하자마자 각종 미디어의 취재로 판매량이 2배로 늘었습니다."

솔직히 이것이 대단한 것은 누구나 할 수 있다는 데 있다. 꿈을 이룰 수 있을지, 없을지는 단지 종이에 쓰느냐, 쓰지 않느냐에 달려 있다. 그 정도의 차이일 뿐이다. 효과적으로 꿈을 써서 이루고 있는 사람은 알지 못하는 사이에 말에 깃든 힘을 높이는 것이다.

만약 당신이 나와 마찬가지로 과거에 입시로 고민했거나, 어떤 실패를 겪거나, 트라우마를 가지고 있거나, 또는 그런 아이의 부모라면 나는 굉장히 기쁘다. 왜냐하면 이 책은 그런 분들을 위해서 썼기 때문이다. 지금부터 조금 더 자세히 이러한 말의 힘을 높이는 비결에 관해 이야기하려고 한다.

말의 힘을 높이는 MUSE 법칙

    말의 힘을 높이는 법칙을 'MUSE(뮤즈)의 법칙'이라고 한다. 뮤즈는 영감의 여신, 꿈을 이루는 여신을 말한다. 음악의 어원으로, 본래는 그리스 신화의 전능한 신 제우스의 아홉 딸을 일컫는 말이다. 고대 그리스인들은 뮤즈의 은혜를 입기 위해서 이야기를 이 뮤즈에서 시작했다. 먼저 MUSE 단어를 알파벳 머리글자로 나누어 말의 힘을 높이는 법칙을 전달하겠다.

> **말의 힘을 높이는 MUSE 법칙**
>
> **M(Manifest)** : 종이에 말로 쓰고 밝힌다.
> **U(You are the Universe, Thank U)** : 미래의 당신 '몸 상태'가 되어 감사한다.
> **S(Scene)** : 미래의 '장면'을 영상으로 띄운다.
> **E(Emotion)** : 달성했을 때의 '감정'을 맛본다.

    즉, 꿈을 가속화하고 말의 힘을 높이기 위해서는 미래의 당신 '몸 상태'가 되어 미래의 장면을 영상으로 떠올리고, 성취감을 맛보며, 종이에 말로 써서 우주에 감사하는 것이다.

    이 4가지를 의식해 쓰기만 해도 꿈은 가속화하며 움직인다. 종이에 써서 이루어지는 꿈은 그 실현을 위해서 뇌를 자동으로 프로그래밍한다. 이 뇌의 설정을 바꾸는 프로그래밍 수법이 MUSE 법칙에 기초한 말의 첫머리다. 하지만 모르기 때문에 큰 함정에 빠지게 되는 사람도 많다. 이룰 수 없는 꿈은 꿈과는 정반대의 현상을 발생시켜 문제를 일으킨다.

말의 힘을 높이면 꿈이 이루어진다!

아무리 써도 이루어지지 않는 데는 이유가 있다

이룰 수 없는 꿈의 구조 대부분은 'MUSE'가 들어 있지 않기 때문이다. 다음과 같이 MUSE 법칙과 정반대로 되어 있다.

> **글로 써도 이룰 수 없는 꿈의 4가지 특징**
> 1. 구체적인 말로 밝히지 않는다.
> 2. 미래의 상태가 아닌 현재의 시점에서 생각하고 있다.
> 3. 구체적인 정경, 장면을 알 수 없다.
> 4. 감정이 존재하지 않는다.

예를 들어, 꿈은 '하와이에 가고 싶다'가 아니라 '하와이섬에 가서 포시즌스에 숙박한다'라고 하는 것처럼, 단정적이고 구체적인 말로 표현할 필요가 있다. 또 하와이에 가고 싶다는 현재 시점의 사고다. 꿈을 이루고 있는 자신의 미래 상태를 이미지화한다면, 어쩌면 파리의 루브르 박물관에 가 있을지도 모른다. 그러면 하와이에 간다는 꿈은 이루어지지 않는다.

또 루브르 미술관이라고 해도 두루뭉술한 이미지가 아니라 '모나리자를 감상한다. 프랑스어나 중국어, 영어 등 다국어가 들린다' 등의 시각적 정보뿐만 아니라 청각, 미각 등을 상상한 장면이 중요하다. 그리고 그림의 아름다움이나 중후함에 '감동했다', '가슴 벅차다' 등의 감정이 필요하다. 감정이 없으면, 말의 힘은 깨어나지 못하고 당신의 꿈은 실현되지 않는다.

이처럼 MUSE 법칙 중에서도 'E(Emotion)'와 'S(Scene)'는 특히 중요하다. 그것은 영화나 소설 등 흥행작의 비결이기도 하다.

〈너의 이름은〉, 〈날씨의 아이〉 등 여러 히트 작품을 탄생시킨 신카이 마코토(新海誠) 감독. 하지만 그는 〈너의 이름은〉을 만들기 전까지만 해도 대박을 터뜨리지는 못했다. 그래서 신카이 감독은 대박 영화를 만들어내기 위해 노력했다.

그중 하나가 물결선으로 되어 있는 감정 그래프를 만든 것이다. 시간축 안에서 관객의 감정 변화를 파악하려고 한 것을 트위터, 텔레비전 프로그램 등에서 공표했다. 트위터에 공개한 그래프를 보면, 가로축을 '시간(각 장면)', 세로축을 '관객의 감정'으로 했다.

영화 〈너의 이름은〉이 흥행한 시기에 해외에서는 한 권의 책이 화제가 되었다. 바로 스탠퍼드대 교수 매튜 조커스(Matthew Jockers)의 《베스트셀러 코드(조디 아처(Jodie Archer) 공저)》다. 조커스 교수는 빅데이터를 이용해 실험했다. 그 실험은 5,000개나 되는 소설을 데이터화해서 텍스트 마이닝이라고 하는 수법으로 분석하는 것이다. 그 결과, 베스트셀러에는 어떠한 공통점이 있다는 것을 알게 되었다.

그것은 독자의 '감정'을 흔드는 '장면'이 알맞게 구성된 소설일수록 베스트셀러가 된다는 것이다. 이 책에 따르면 《다빈치 코드》나 《트와일라잇》 시리즈도 모두 감정을 흔드는 장면이 풍부해 데이터상으로도 베스트셀러가 된다는 것을 알 수 있었다고 한다.

책을 빨리 읽을 뿐만 아니라 꿈을 이룬 사람이 잇따라 나온다

신카이 감독의 경우와 《베스트셀러 코드》를 통해 감정을 흔드는 장면이 중요하다는 것을 알 수 있을 것이다. 그렇다면 '작품의 히트'와 '꿈을 이루는 것'에는 어떤 상관관계가 있을까? 사실, 신카이 감독의 감정 그래프와 나의 공명 리딩 속독법은 닮아 있다.

공명 리딩은 세로축이 '감정', 가로축이 '책의 페이지 수'라는 3막 구성의 맵에 물결선을 그리고, 그 물결선을 바탕으로 책을 읽는다. 그뿐인데도 속독 마스터와 같은 수준의 속도로 갑자기 읽을 수 있게 되고, 내용을 잊어버리지도 않는다. 놀라운 독서법이다. '감정의 흔들림이 생긴 것은 잊기 어렵다'라는 것도 증거를 통해 증명되었다.

공명 리딩의 실천자들 중에는 책을 읽을 수 있게 되었을 뿐만 아니라 꿈이 이루어졌다는 분들이 많았다. 처음에 그 비결은 책에서 얻은 내용을 '행동계획'으로 이어지게 만들어 실천하는 데 있지 않을까 생각했다. 물론 그것도 어느 정도는 있다. 하지만 이 《베스트셀러 코드》를 통해 '감정'과 감정을 만들어내는 '장면'이야말로 꿈을 이룰 수 있는 비결이라는 것을 알았다. 이것이야말로 지금까지 주목받지 못했던 '꿈을 이루는 숨겨진 비밀'이었던 것이다.

뇌는 데이터를 '스토리'로 저장한다

꿈을 이룬 사람의 말에는 공통점이 있다. 지방의 유력 기업에서 집행 임원으로 승진한 사람은 이렇게 말했다.

"나는 왠지 임원이 되어 있는 것 같아. 뭔가, 그 장면이 구체적으로 보여."

벤처 시대의 동기로, 상장 기업의 임원은 이렇게 말했다.

"나는 회사를 키워서 도쿄증권의 종을 치는 장면이 보였어."

나도 그랬다. 사업에서 성공할 때는 왜인지 구체적으로 그 분기점이 되는 장면이 구체적으로 떠올랐다. 사업이 잘나갈 때는 막말로 '짤랑짤랑' 돈 소리가 들릴 정도였다.

꿈을 이루는 데 필요한 것은 꿈을 이루기 위한 방법, 'HOW(어떻게)'가 아니다. 중요한 것은 그 하나하나의 마디가 되는 'WHAT(무엇을)'의 장면에 있다.

스위스의 기업가 롤프 도벨리(Rolf Dobelli)는 일본에서도 베스트셀러가 된《Think clearly-최신 학술연구에서 이끌어낸 더 나은 삶을 살기 위한 사고법(한국 출간명 : 불행 피하기 기술-인생을 움직이는 52가지 비밀)》에서 이렇게 말한다.

"컴퓨터는 원 데이터의 최소 정보 단위인 비트로 저장한다. 반면, 뇌는 원래 그대로가 아닌 가공한 데이터를 저장한다. 마음에 드는 저장단위도 비트가 아니라 스토리다. 뇌에는 800억 개

말의 힘을 높이면 꿈이 이루어진다!

의 세포가 있지만, 우리가 보는 것, 읽는 것, 듣는 것, 냄새와 맛보는 것, 생각과 느낌을 모두 저장하기에는 부족하다. 그래서 뇌는 데이터를 압축하는 요령을 만들어냈다. 그것이 스토리를 만드는 것이다."

뇌는 스토리를 현실로 본다. 뭔가를 떠올리려고 할 때마다 단편적인 장면을 복원한다.

전 세계 누적 2,700만 부나 팔린《말을 듣지 않는 남자 지도를 읽지 못하는 여자》의 저자 앨런 피즈(Allan Pease) & 바바라 피즈(Barbara Pease)는 저서《자동적으로 꿈이 이루어지는 브레인 프로그래밍(한국 출간명 : 결국 해내는 사람들의 원칙)》에서, RAS(망향체부활계)라고 하는 뇌 부위가 꿈을 이루는 데 영향을 주고 있다고 말했다. 이 RAS에서 우리는 대량의 어떤 정보를 취사하고 현실을 결정하고 있다.

이 RAS에 영향을 주는 것 역시 스토리다. 뇌는 머리로 생생하게 상상한 스토리, 이른바 망상이나 이미지와 현실을 구별하지 못한다. 머리로 그리는 스토리를 현실로 간주해버린다. 그래서 흔히 소망 실현이나 자기계발 관련의 책에서는 심상이나 시각화가 중요하다고 한다. 하지만 심상이나 시각화에 도전했지만, 잘 안되었다는 이야기를 많이 듣게 된다. 힘들게 하고 싶은 것을 써내고 이미지화했음에도 잘 안된다. 도대체 무엇이 중요한 것일까? 그것은 바로 '감정'과 '장면'이다. 줄거리는 '감정'과 '장면'의 연결로 만들어진다. 감정과 장면이 더해지면서 심상은 더욱 명확해져 장기적인 꿈을 이룰 수 있게 된다.

말은 그냥 말로 끝나지 않는다. 그것을 연결함으로써 이야기가 된다. 그렇기에 《고사기(古事記)》[1]도, 《성경》도 이야기다. 이책에서 전하려는 것은 당신의 말의 힘을 높이고 꿈을 이룰 수 있는 스토리다. 그 이야기는 전형적인 7가지 장면으로 구성된다. 나는 그것을 세계 각국의 신화, 영화, 소설, 역사, 기업가의 이야기에서 이끌어냈다.

나는 그 7가지 장면이 있는 시나리오를 'EMPOWER 법칙'이라고 부른다. 이 'EMPOWER 법칙'으로 생각해보면, 아주 쉽게 '당신의 꿈을 이루는 이야기'가 만들어진다. 이 책에서는, 한시라도 빨리, 당신이 꿈을 실현해주었으면 한다. 빨리 결과를 보길 원하는 사람은 먼저, 다음 7가지 장면의 질문에 대답해도 된다.

장기적으로 꿈을 움직이는 'EMPOWER 법칙'

E(Emergency) : 긴급한 장면
당신은 일상에서 매일 불만을 품고 있거나 꿈에 대한 동경을 품고 있다. 긴급한 사건을 만났을 때, 꿈은 움직이기 시작한다. '당신의 꿈이 움직이기 시작하는 긴급하고도 긍정적인 사건이란?'

M(Mentor & Muse) : 멘토 & 뮤즈의 등장 장면
꿈을 이룰 수 있는 가장 확실한 방법은 이미 이룬 사람을 만나는 것이다. 그 사람을 만나서 배우고, 그것을 그대로 실천하면, 대부분의 일은 이루어진다. '당신의 꿈을 이미 이룬 사람을 만난다면, 어떤 인물이고 어떤 곳에서 만나고 있을까?'

---

1) 고대 일본의 신화·전설 및 사적을 기술한 책이다. - 편집자 주.

말의 힘을 높이면 꿈이 이루어진다!

P(Problem & Power) : 장애물과 힘의 등장

새로운 것에 도전하면, 이상하게도 항상 같은 장애물에 부딪힌다. 파트너의 반대, 동료의 반대와 같은 외적 장애물이나 불안, 두려움이라는 내적 장애물도 발생한다. '새로운 것에 도전할 때, 언제나 발생하는 장애물은 무엇인가?', '장애물을 극복할 계기가 되는 힘은 무엇인가?'

O(Organize) : 새로운 동료와의 만남 장면

장애를 극복하는 과정에서 동료를 만난다. 꿈은 혼자서 이루는 것이 아니라 동료와 함께 이루는 것이다. '당신의 재능을 지원해주는 팀원이나 구조란?'

W(Wanted) : 새로운 재능에 눈뜨는 장면

팀이 생김으로써, 개인이 매몰되어버린다. 자기 자신의 새로운 힘이나 경험이 필요해진다. 그 힘이란 도대체 무엇인가. '팀을 뛰어넘어 더 높은 곳으로 스스로 성장해나가기 위해 필요한 것은?', '어떤 분야의 압도적인 넘버원, 온리원이 되고 있는가?'

E(Encounter) : 최대 난관의 등장 장면

꿈을 이루기 위한 최대의 난관에 부닥친다. 난관이라는 유사 죽음을 통해 인간적으로 큰 성장을 한다. '당신의 꿈에서 가장 큰 난관은 어떤 것일까?'

R(Resonance) : 신세계의 탄생 장면

당신의 꿈을 이룸으로써 새로운 세계가 탄생한다. 그 세계는 당신이라는 존재의 재능이 개화함으로써 누군가가 치유받거나 구원받을 수 있는 세상이다. '꿈을 이룸으로써 당신의 삶은 어떻게 변화될 것인가?', '당신이 재능을 꽃피움으로써 열리는 어떤 세상일까?'

자, 그럼 이제 하나하나의 비밀을 밝히고, 말의 힘을 높이면서 당신의 꿈을 이룰 수 있는 이야기를 만들어나가자.

와타나베 야스히로(渡邊康弘)

차례

CONTENTS

제2장 EMPOWER 법칙 2 　멘토 & 뮤즈의 등장

제3장 EMPOWER 법칙 3 　장애물과 힘의 등장

"
말의 힘을 높이면
꿈이 이루어진다!
"

제0장

꿈은 쓰는 것만으로도 실현된다 (feat. 무엇을 써야 좋을지 모르는 당신에게)

POWER
OF
WORDS

마음속 입버릇 '셀프 토크'가 현실을 만들어낸다

마음속 말이 현실을 만든다. 심리학자이자 코칭 창시자인 루 타이스(Lou Tice)는 저서 《어포메이션》에서 "머릿속에서 반복되는 말인 '셀프 토크'가 현실을 만든다"라고 말하고 있다. 셀프 토크는 마음속의 입버릇이다. 당신이 일상의 불만을 마음속에 계속 품으면 그것은 현실이 되기 쉽다. 당신이 반복적으로 머릿속으로 떠올리는 불만은 어떤 불만일까? 그 불만의 해결은 당신의 성공으로 연결된다.

머릿속으로 과거의 성공만을 재생하며 '이것이 나다. 다음에도 같은 일을 반복하자'라고 자신에게 말을 걸자. 그럼 사고가 성공을 키운다. 하지만 불만은 금방 떠올라도 "쓰면 이루어진다고 해도 뭘 원하는지 잘 모르겠어요"라고 말하는 사람들이 많을 것이다. 물론, "그런데 쓰기만 해도 이루어진다는 증거가 있나요?"라고 하는 사람도 있을 것이다. 그래서 이 장에서는 '정말로 당신이 하고 싶은 일'을 찾아내는 방법과 '쓰기만 해도 이루어지는' 구조의 증거에 관해서 이야기해보자.

우선, 꿈을 이루기 위해 중요한 것은 무엇인지 기억하고 있는가? 그렇다, 'MUSE 법칙'이다. 이에 대해 다시 한번 복습해보자.

M(Manifest) : 종이에 말로 쓰고 밝힌다.
U(You are the Universe, Thank U) : 미래의 당신 '몸 상태'가 되어 감사한다.
S(Scene) : 미래의 '장면'을 영상으로 띄운다.
E(Emotion) : 달성했을 때의 '감정'을 맛본다.

말의 힘을 높이면 꿈이 이루어진다!

쓰기만 해도 꿈이 움직인다는 증거는?

먼저, 'M(Manifest) : 종이에 말로 쓰고 밝힌다'에 대해 설명하겠다. '자신을 설레게 하는 것을 종이에 쓴다', '되고 싶은 자신에 대해 쓴다', '꿈을 종이에 쓴다.' 많은 자기계발서에 이렇게 쓰여 있는데, '친절한 설명'이라고 생각하는 사람도 많을 것이다. 대부분의 자기계발서는 저자의 개인적인 경험이다. 그런데 이런 것으로 '꿈이 이루어질까?', '성공할 수 있을까?', '그 재현성은?' 이렇게 생각하는 것도 무리는 아니다. 나도 그랬다. 하지만 지금 과학적인 논문이나 증거가 많이 나오고 있다. 사실 '꿈을 쓰는 것'만으로도 꿈이 이루어진다는 증거도 많다.

예를 들어, 노벨상을 수상한 심리학자인 다니엘 카너먼(Daniel Kahneman)은 연구를 통해 단순히 가지고 싶다는 생각만으로도 실제로 그것을 구하기 쉬워진다는 것을 밝혀냈다. 일류대학에 입학한 순간부터 20년간에 걸쳐서 1만 2,000명을 추적 조사한 결과, 18살 때 '돈은 중요하다'라고 대답한 사람은 그렇지 않은 사람에 비해서 20년 후, 부유하다는 것을 알았다. 이를 통해 '목표를 가지는 것이 큰 차이를 낳는다'라고 카너먼은 단언한다.

또한, 이런 사례도 있다. 캘리포니아 도미니칸대학교에서 심리학을 가르치고 있는 게일 매튜스(Gail Matthews) 교수는 목표의 달성률에 관한 실험을 했다. 267명의 참가자를 모아서 목표를 손으로 쓰게 했을 때의 달성률과 키보드로 입력했을 때의 달성률을 비교한 실험이다. 그러자 손으로 쓰는 것만으로 달성률은 42%나 올라가는 것을 알 수 있었다. 손으로 쓰는 것만으로 달성률이 이 정도로 올라간다니 놀라울 따름이다.

전 세계 2,700만 부가 넘는 베스트셀러 작가인 앨런 피즈, 바바라 피즈에 의하면, 문자를 키보드에 입력했을 때 필요한 손가락의 동작은 여덟 종류밖에 되지 않는다고 한다. 하지만 손으로 쓸 때 필요한 손가락의 동작은 1만 종류나 된다. 그렇기에 뇌에서 움직이는 신경 역시 훨씬 많아진다. 손으로 쓰는 것이 목표 달성률에 큰 영향을 주는 것은 이 때문이라고 한다.

그렇다. 쓰는 것만으로도 실현된다. 증거가 말해주고 있다. 바로 써봐야겠다고 생각하는 사람도 있을 것이다. 하지만 무엇을 써야 할지 고민될 사람도 있을 것이다. 우선은 무엇을 써야 할지 발견해나가자.

말의 힘을 높이면 꿈이 이루어진다!

자신에게 하는 말을 바꿔서 뇌를 재설정한다

'진심으로 이것을 하고 싶다.'
'너무 설렌다.'

설렘은 하늘로부터의 영감이라고 표현하면 조금 과장이라고
할 수도 있지만, 그것은 누구에게나 있는 '마음의 소리'다. 하지
만 설렘에 대한 고민은 의외로 많다. '설렘이 TODO 리스트가
되어버린다', '목표가 추상적으로 된다', '설레거나 정말로 하고
싶은 것을 쓰려고 하면 잘 생각나지 않는다', '먼 미래의 설렘이
생각나지 않는다'. 누구에게나 꼭 하고 싶은 일이나 설레는 일
이 있을 텐데, 막상 하고 싶은 일이나 설레는 것을 적어내는 연
습을 하려고 하면 갑자기 손이 멈추는 사람도 많다.

나는 오랜 기간 하고 싶었던 '설렘 워크숍'을 다녀오면서 수강
생의 고민이 크게 3가지라는 것을 깨달았다.

1. 하고 싶은 것 자체가 생각나지 않는다.
2. 정말 하고 싶은 것인지 모르겠다.
3. 하고 싶은 큰일을 어떻게 실현시켜야 할지 모르겠다.

그 이유는 말에 있다. 우리는 어릴 때부터 이런 말로 꿈을 무

너뜨렸다.

'어리광 부리지 마', '이제 컸으니까 제대로 좀 해', '언니(오빠)
인데 네가 참아라', '그런 건 아무도 못 하는 거야', '공부 열심
히 해서 좋은 대학에 들어가거라', '나쁜 아이네', '우리 집에는
돈이 없으니까', '너 상대해줄 시간이 없어', '왜 다른 집 애는 하
는데 우리 집 애는 못 하는 거야…', '부모가 하는 말을 들어라.'

이러한 말을 계속 들어온 우리 뇌는 이 말 그대로 '어리광을
부리면 안 된다', '제대로 해야 해', '참는 것이 중요해', '나는 할
수 없어', '돈이 없으면 할 수 없어', '○○ 씨처럼 될 거야' 등과
같이 생각하게 된다. 그로 인해 자신이 좋아하는 것이나 설레
는 것을 떠올리는 것이 서툴다. 하고 싶은 것을 쓰면 실현된다
고 들어도 어려운 것이다. 그러므로 우리는 평소 사용하는 단
어 자체를 바꿀 필요가 있다. 자신이 하는 말을 바꿔서 뇌를 재
설정하자.
조금씩, 작은 것을 적으며 바꿔나가는 것이 중요하다.

말의 힘을 높이면 꿈이 이루어진다!

'설렘 공복'을 친근하고 작은 것으로 채워나간다

'하고 싶다', '설렘'이라는 욕심은 위장과 닮아 있다. 예를 들어, 당신이 매우 공복 상태라고 하자. 이럴 때 배에 넣는 것은 어떤 것이라도 좋을 것이다. 편의점 도시락이든, 주먹밥이든, 배고픔을 채울 수 있는 것이라면 무엇이든 좋을 것이다.

설렘도 마찬가지다. 갑자기 큰 설렘이나 미래를 떠올리려 해도 쉽지 않다. 왜냐하면, 설렘의 위가 비어 있기 때문이다. 이때 설레는 글을 쓰는 것으로 자신이 하고 싶은 것이 생각날지도 모른다고 생각했기에 실망하게 된다. 이럴 때는 가까운 것이나 작은 것, 현재의 설렘을 생각하는 것이 효과적이다. 어떤 설렘이라도 좋다. 하고 싶은 일을 써보자.

'영화를 보고 싶다', '카페에 가고 싶다', '레스토랑에 가고 싶다', '문구를 사고 싶다', '수첩을 사고 싶다', '책을 읽고 싶다', '미술관에 가고 싶다', '친구와 밥 먹으러 가고 싶다', '옷을 사러 가고 싶다', '놀다가 늦게 자고 싶다', '데이트하고 싶다'….

어떤 것이라도 괜찮다. 아무리 작은 일이라도 먼저 조금씩 써보자. 그러면, 차츰 설렘 공복이 시작되어 여러 가지 것이 생각날 것이다. 조금 돈이 드는 일이나 시간이 드는 일도 떠오를 것이다. 떠올랐다면, 말을 '~하고 싶다'에서 단정형인 '한다!'나, 완료형인 '했다!'로 바꾼다.

'영화를 본다', '카페를 간다', '국내 여행을 간다', '해외 여행을 간다', '5성급 호텔에 머문다', '다이어트를 한다', '매일 운동한다', '요가를 한다', '근육 운동을 한다', '테니스를 시작한다', '바이올린을 배운다', '컴퓨터를 산다', '자취를 한다', '블로그를 매일 쓴다', '프로필 사진을 찍는다', '책을 연간 100권 읽는다.'

이런 식으로 글을 쓰다 보면 '좀 무리일 것 같다' 싶은 것도 구체적으로 떠오른다. 떠오르는 대로 써보자.

'하와이에 간다', '리츠칼튼 호텔에 묵는다', '브로드웨이에 뮤지컬을 보러 간다', '다카라즈카 대극장 맨 앞줄에서 관람한다', '아이들과 크루즈 여행을 한다', '슈트를 주문 제작한다', '파트너와 온천 여행을 한다', '커뮤니티 카페를 개설한다', '호놀룰루 하프마라톤을 완주한다', '도쿄 마라톤을 완주한다', '잡지에 연재를 한다', '프리랜서가 된다', '에스테틱 살롱을 경영한다', '월 2회 전국을 돌며 강연을 한다', '연봉 1,000만 엔이 된다', '본업 이외에 수입 파이프를 가진다', '비즈니스석을 타고 해외 여행을 한다', '영어로 일상대화를 한다', '책을 출판해 베스트셀러 작가가된다', '파트너와 행복한 가정을 꾸린다', '책이 1만 권 들어가는 사무실을 가진다', '풀프레임 전문가 카메라를 구입한다', 'BMW를 구입한다', '에르미타주 미술관에 간다', '국제 북페어에 간

말의 힘을 높이면 꿈이 이루어진다!

다'….

　우선, 어떤 것이 지금 당신을 설레게 하는 것인지를 생각해보는 것이 중요하다. 설렘의 위를 만족시키면, 조금씩 여유가 생겨 미래를 생각할 수 있게 된다. 쓰기 시작했다면, 이번에는 그 설렘을 움직여보자.

쓰기 시작한 설렘을
확실하게 구체화하는 첫 번째 방법

　설렘은 쓰기 시작한 후가 중요하다. 쓴 설렘을 분류해서 이루기 쉬운 상태로 가공해보자. 그렇게 하기 위해서는 다음의 스텝을 밟아나가는 것이 좋다.

설렘의 리스트를 구체화하는 STEP
STEP 1. 꿈의 분류
STEP 2. 소망 실현의 매트릭스
STEP 3. '해야 할 것(DO)', '소유해야 할 것(HAVE)', '할 수 있는 것(BE)'
STEP 4. 실행 계획

　STEP 1 '꿈의 분류'부터 설명하겠다. 꿈이라고 묶어서 표현하기는 하지만, 환상 → 꿈 → 목표 → 예정의 4단계로 나뉜다. 이는 자주 자기계발 세미나에서 다루어진다.

- 환상 : 어떤 것도 실현되지 않은 상태.
- 꿈　 : 환상의 구체화.
- 목표 : 꿈에 날짜가 정해진 것.
- 예정 : 목표가 습관화된 것.

이렇게 나뉜다.

말의 힘을 높이면 꿈이 이루어진다!

다음으로 STEP 2 '소망 실현의 매트릭스'를 설명하겠다.

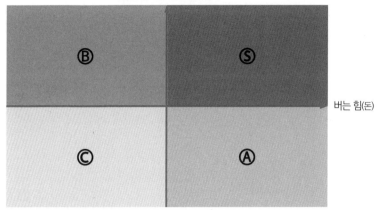

사람을 끌어들이는 힘(영향력)

버는 힘(돈)

꿈은 가로축 '버는 힘(돈)'과 세로축 '사람을 끌어들이는 힘(영향력)'으로 분류할 수 있으며, 이 분류에서 가능성 정도를 볼 수 있다.

　C : 혼자서 가능하고 돈이 들지 않는 것
　B : 많은 인원으로 돈이 들지 않는 것
　A : 혼자서 가능하고 돈이 드는 것
　S : 많은 인원으로 가능하고 돈이 드는 것

　여기서 중요한 것은 돈이 들지 않는 것과 돈이 드는 것의 구분이다. '당신은 얼마 정도의 돈이면 무리 없이 바로 쓸 수 있으며, 얼마의 돈이라면 부담스러운가?'
　이를 조사한 결과, 어떤 연령대도 한 달에 평균 2만 엔까지라면 무리 없이 낼 수 있는 것으로 나타났다. 학생, 사회초년생, 갓 결혼한 부부, 주부 구분 없이 2만 엔이면 괜찮지만, 2만 엔 이상은 부담스럽다고 느낀다. 그러므로 20만 엔, 30만 엔짜리를 사려면 10개월, 15개월 정도를 참으며 돈을 모을 필요가 있다. 써 나간 설렘을 C, B, A, S로 분류해보자.

분류할 때, 어느 정도의 예산이 필요한지 예상이 잘 안 되는 것은 알아보자. 대체로 어느 정도 할 것인가 하는 예산을 쓰는 것이 중요하다.

말의 힘을 높이면 꿈이 이루어진다!

쓰기 시작한 설렘을 확실하게 구체화하는 두 번째 방법

STEP 3 '해야 할 것(DO)', '소유해야 할 것(HAVE)', '할 수 있는 것(BE)'을 설명하겠다. 당신이 써나간 설렘을 '해야 할 것(DO)', '소유해야 할 것(HAVE)', '할 수 있는 것(BE)'으로 분류한다. 이것은 마이크 맥매너스(Mike McManus)의《소스(한국 출간명 : 가슴 두근거리는 삶을 살아라)》의 꿈과 소망의 분류 방법이다. 예를 들어, 이렇게 나눈다.

DO : '하와이에 간다', '리츠칼튼 호텔에 묵는다', '다카라즈카 대극장 맨 앞줄에서 관람한다', '아이들과 크루즈 여행을 한다', '호놀룰루 하프마라톤을 완주한다', '국제 북페어에 간다.'

HAVE : 'BMW를 구입한다', '슈트를 주문 제작한다', '에스테틱 살롱을 경영한다', '풀프레임 전문가 카메라를 구입한다.'

BE : '파트너와 행복한 가정을 꾸린다', '연봉 1,000만 엔이 된다', '영어로 일상대화를 한다', '책을 출판해 베스트셀러 작가가 된다.'

이렇게 살펴보면 본질적인 것은 '이렇게 있고 싶다'라는 자신의 모습(BE)이라고 확인할 수 있다. 진짜 설렘, 마음으로부터의 설렘은 DO나 HAVE에는 없고, '이렇게 있고 싶다'라고 하는 BE인 경우가 많기 때문이다.

마지막 STEP 4 '실행 계획'이다. 설렘 리스트 중에서 하나씩 골라 실행할 계획을 세운다. DO나 HAVE는 한 번에 끝나는 것이 많기 때문에 생각하기 쉽다.

설렘 리스트 실행 계획

설렘	: 설렘 리스트에서 체험하고 싶은 것을 고른다.
작은 한 걸음	: 처음 행동
두 번째 걸음	: 다음 행동
세 번째 걸음	: 그다음 행동
언제	: 언제 행동할 것인가?
어디	: 어디서 행동할 것인가?
소요시간	: 어느 정도 시간이 걸리는가?
예산	: 어느 정도의 비용이 드는가?
누구	: 누구와 함께 가는가?
감정	: 어떤 감정을 얻을 수 있는가?

예를 들어, 나는 독일 프랑크프루트 국제 북페어에 간다는 설렘을 이루었을 때, 이런 식으로 생각해서 실현시켰다.

말의 힘을 높이면 꿈이 이루어진다!

설렘	: 국제 북페어에 간다.
작은 한 걸음	: 독일에 갈 비행기 티켓을 알아본다.
두 번째 걸음	: 500엔씩 돈을 모은다.
세 번째 걸음	: 비행기 예약, 숙박시설 예약
네 번째 걸음	: 2017년 10월
언제	: 현지에 간다.
어디	: 독일, 프랑크푸르트
소요시간	: 경유로 약 20시간
예산	: 항공권 10만 엔 전후, 숙박 10만 엔 전후
누구	: 혼자, 현지에서 출판사나 멘토, 작가들과 만난다.
감정	: 꿈을 이루는 이미지를 얻는다. 책의 즐거움이나 대단함을 체감한다.

꿈을 이루고 있는 사람의 머릿속은 이렇게 되어 있다. 캘리포니아 의대의 숀 영(Sean Young) 교수는 "이처럼 '목표를 작게 새기는 힘'이 스텝과 목표의 달성을 향한 행동을 쉽게 지속할 수 있게 해주고, 꿈을 실현할 수 있게 한다"라고 했다. 그리고 여기에서 나온 내용도 설렘의 일부이기에 설렘 리스트에 추가해서 수첩이나 핸드폰 메모장, 캘린더에 언제 행할지 계속 기록해나가는 것이 중요하다.

시간의 함정에서 탈출하라!
'미래로부터 시간이 흐르는' 설정으로 변경

현재의 설렘으로 설렘의 위를 채웠다면 이제부터가 중요하다.

다음은 MUSE 법칙 중 'U(You are the Universe, Thank U)：미래의 당신 '몸 상태'가 되어 감사한다'와 'S(Scene): 미래의 '장면'을 영상으로 떠운다'에 대해서 알아본다. 정말로 하고 싶은 일을 발견하기 위해서 다음의 프로세스를 꼭 해보길 바란다. 간단하지만 매우 임팩트 있는 방법이다.

자기 나이에 '+10살' 한 상태를 상상한다. 그리고 그때의 자신이라면 이런 것을 하고 있을 것을 구체적으로 상상한다. 미래의 관점으로 갑자기 바꿔봄으로써 정말 하고 싶은 일을 찾을 수 있다.

시간은 환상이다. 물리학의 관점에서는 그렇게 결론 낸다. 양자물리학의 관점에서는 과거, 현재, 미래, 패러렐(parallel, 평행 우주)과 동시다발적으로 여기에 존재한다. 크리스토퍼 놀란(Christopher Nolan) 감독의 영화 〈인터스텔라〉처럼 여기에 동시다발적으로 존재한다. 하지만 인간의 뇌는 살아가면서 시간이라는 환상이 필요하다. 그것은 과거가 뒤에 있고, 현재가 여기에, 그 앞에 미래가 있는 것처럼 느낀다.

대부분의 사람들은 이 '과거 → 현재 → 미래'라는 시간 감각

말의 힘을 높이면 꿈이 이루어진다!

의 함정에 빠져 있다. 꿈을 이루는 사람일수록 '미래 → 현재
→ 과거'라는 설정으로 바꿔서 쓰고 있다. 시간을 산에서 흐르
는 강물로 예를 들면, 상류가 미래고, 중류가 현재, 하류가 과거
가 된다.

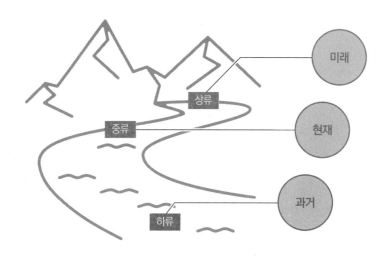

그럼, 현재의 설렘을 머릿속에 떠올렸다면, 이 강에서는 어떻
게 될까? 바로 이 부분이 자기계발서에서 좀처럼 다루지 않는
맹점이다. 당연히 강은 상류에서 하류로 흐른다. 현재의 시점에
서 원한다고 떠오른 것은 과거의 하류로 흐르게 된다.

그런데도 많은 사람이 현재 상태에서의 설렘에 지나치게 집
착하고 있다. '되고 싶다', '하고 싶다', '갖고 싶다'가 너무 현재
관점이다.

생각해보자. 지금 가지고 있는 것 중, 몇 년 전에는 갖고 싶어
서 샀을 텐데, 얻게 된 후부터는 아무런 상관이 없어진 것은 없

을까? 당신의 어린 시절에도 이런 일이 있었을 것이다. 몇 달 전부터 생일에 갖고 싶은 것을 생각하고 있었는데, 생일을 맞이해 그것을 손에 쥔 순간부터 다음 생일에 갖고 싶은 것을 떠올리게 된다. 이래서는 그저 시간 낭비일 뿐이다.

그렇다면 상류의 미래에서 생각한 것은 어떨까? 머지않아 중류의 현재로 흘러들어 올 것이다. 흘러왔을 때 그 존재를 알아차리고 잡을 수 있다. 심지어 그것은 미래인 셈이기 때문에 한동안은 만족스러운 상태가 계속된다. 이 머릿속의 시간 흐름을 의식하라. 미래의 관점에 서보는 것이 중요하다.

10년 후의 자신은
이렇게 조종한다

　하지만 어떤 것을 상상하면 좋을지 모르겠는 분들은 이렇게 상상해보자. '+10살'의 자신이 어떤 상태라면 만족스럽고 긍정적이며 풍요롭고 행복할까? 물론 자신의 나이를 의식하고 싶지 않은 사람은 가족을 '+10살' 해서 생각해도 좋다. 아내나 남편, 아이, 부모 등, 가족의 나이를 '+10살' 했을 때, 자신은 어떤 상태인 것이 이상적일지 생각해보면 된다.

　'+10살' 했을 때, 주변에 있는 사람이나 자신이 무엇을 하고 있는지 하는 미래의 어떤 상태를 영화나 소설처럼 구체적으로 상상하며 떠올려보자. 예를 들어, 내가 20살 때 적었던 '+10살'을 한번 살펴보자. 당시의 수첩을 보면 다음과 같이 쓰여 있다.

- 연봉 1,000만 엔 달성.
- 설립한 회사가 상장.
- 감정 마케팅을 무기로 하고 있다.
- 마음의 평안을 전달하는 사업을 하고 있다.
- 다양한 지식을 흡수하는 능력이 있다.
- 책을 연간 1,000권 읽고 있다.
- 나만 성공하는 것이 아니라 주변에도 풍요를 전염시킨다.
- 자신의 책을 출판해서 많은 사람이 읽고 있다.

나는 지금 35살이다. 이 리스트의 대부분이 깨달은 순간에는 이미 이루어져 있었다. 지금 1권을 20분 만에 읽을 수 있는 속독 '공명 리딩'은 전 세계에서 번역되어 널리 알려졌다. 물론, 조금 늦은 감은 있지만 실현되고 있다. 놀랐던 것이 '마음의 평안'을 전하는 일다.

과거 고객 중 1명이 공을 들이고 있던 사업인 'CITTA 수첩'이 있다. CITTA는 산스크리트어로 '마음'을 뜻한다. 말 그대로 마음의 평안을 전하는 사업이다. 'CITTA 수첩'은 내가 관여한 이후, 6배 이상 사업이 성장했다. 이 마음의 평안은 완전히 잊고 있었던 '하고 싶었던 일'이었다. 하지만 되돌아보면 눈치채지 못하는 사이에 몇 년도 전에 쓰여 있던 것에 의해 조종당하고 있었다. 마치 인형처럼 자동으로 움직여진 것이다. 그것들을 썼던 과거를 회상하자 꿈을 이룰 수 있는 비결이 숨겨져 있었다는 것을 깨달았다.

앞에서 이야기한 강물의 가르침은 사실 내 멘토의 가르침이다. 이것을 멘토가 말한 그대로 실행한 것이다. 종이에 쓰는 시점부터 마치 소설처럼 그 정경이 떠올라 장면이 이미 실현된 것처럼 느껴졌다. 미래의 자신이 되어서 그 상태를 쓴 것이다. 이른바, 성공법칙의 단골인 '시각화'를 한 것이다.

말의 힘을 높이면 꿈이 이루어진다!

작은 '몸 상태의 변화'가
미래를 원하는 방향으로 바꾼다

   만약 당신이 +10살의 자신이 하고 있는 것을 상상했다고 하자. 여기에서 중요한 포인트가 하나 더 있다. 상상한 것을 어떤 식으로 '쓸 것'인가?

   이 우주는 '쓸 때'의 '상태'로 이루어지는 것, 이루어지지 않는 것이 결정된다. '상태'가 중요한 것이다. 먼저, 당신 자신이 미래의 상태가 된다면, 뇌 역시 그 상태로 만들 수 있다. 뇌는 현재의 당신과 미래의 당신을 구별할 수 없다. 상상할 수 있는 것이 현실이라는 성질을 가지고 있다. 만약, 당신이 +10살로 꿈을 이루었다고 한다면, 지금의 당신 몸의 상태와 어디가 다를까? 예를 들어, 나라면….

- 체중이 지금보다 줄어서 68*kg*이 되어 있다.
- 몸이 단단하고 근육질로 되어 있다.
- 고급스러운 남색 양복을 입고 있다.
- 건강한 식사를 자연스럽게 하고 있다.
- 원두를 볶은 지 2주 안 되는 커피를 마시고 있다.
- 품위 있는 음악을 들을 수 있게 되었다.
- 고급스러운 책상과 의자에 앉아 집필하고 있다.

+10살의 미래가 이처럼 몸의 상태와 함께 이미지화된다면, 바로 그 '미래의 자신'이 되기 쉽다.

- 체중이 지금보다 줄어 있다고 한다면, 이 하고 싶은 것을 적는 사이에는 그 상태가 되어 '배가 움푹 들어간 채' 쓴다.
- 고급 슈트를 입고 있다고 한다면, 역시 그렇게 되어 '재킷을 입고 평소보다 어깨를 펴고' 쓴다.
- 품위 있는 음악을 듣고 있는 상상 역시 그렇게 되어 '뮤지컬 음악이나 클래식을 틀고 등을 펴고' 쓴다.

이처럼 이미 미래의 자신이 '되어서' 쓴다는 것이 중요하다. 그러한 자신이 된 척을 했을 때, 그전의 상태보다도 더 생생하게 자기 자신의 모습이 구체적으로 떠오른다. 작은 '몸 상태의 변화'가 미래를 만들어내는 것이다. 사실, 쓰기 시작할 때 포인트가 하나 더 있다.

말의 힘을 높이면 꿈이 이루어진다!

감정이 흔들릴 때
그 기억은 오래 남는다

MUSE 법칙의 마지막은 'E(Emotion) : 달성했을 때의 '감정'을 맛본다'이다. 기억은 신기하다. 기억에 남는 장면은 감정이 강할 때다. 뇌에는 아몬드와 같은 부위, 편도체가 있다. 이 편도체는 정보가 감정과 연결되는 곳이다. 기억에 깊이 연관된 부위인 해마 근처에 있다. 감정과 결합된 정보는 해마에서 대뇌피질로 전송되어 장기기억이 된다. 그래서 감정이 강할 때 기억에 남는다.

당신도 짐작 가는 것이 있지 않나? 문득 과거를 회상했을 때 생각나는 것은 감정이 강하게 움직였을 때다. 예를 들어, 이렇다.

- 학교에 다닐 때, 시험 점수가 생각 이상으로 나오지 않아 속상할 때
- 운동회에서 제일 잘해서 기뻤을 때
- 친한 친구가 실연하게 되어 자신도 슬펐을 때
- 키우던 애완동물이 죽게 되어 슬펐을 때
- 문화제로 친구들과 하나가 되어 뭔가를 이룬 성취감을 느꼈을 때
- 회사에서 첫 프로젝트가 잘되어서 기뻤을 때

이처럼 기억에 남는 것 대부분은 감정이 요동치고 강한 감정이 생겨났을 때다. 꿈이 이루어지느냐, 아니냐도 여기가 포인트다. 감정과 크게 상관이 있다. 이미 달성한 것처럼 이 감정을 가지느냐, 아니냐다. 감정을 맛보는 것이 굉장히 중요하다. 감정은 한번 생기면 길게 간다. 감정을 불러일으키면 당연하게도 뇌 내의 피의 흐름에 변화가 생긴다. 이럴진대, 하물며 강한 감정을 불러일으키면 어떻게 되겠는가? 쿵쾅쿵쾅 심장이 박동할 것이다. 여기에 또 하나의 비밀이 있다.

말의 힘을 높이면 꿈이 이루어진다!

꿈을 이루는
'심장 박동'

　우리의 인체는 신비하다. 그것은 심장 박동 소리가 쿵쾅쿵쾅하고 뼈를 타고 전달되어 들릴 것 같은데, 그 소리는 보통 들리지 않는다. 이 들리지 않는 '쿵쾅쿵쾅'이라는 심장 박동도 소리이기에 주파수가 있다.

　꿈을 이루는 이야기에서는 끌어당김의 법칙이 있다. 양자물리학과 끌어당김의 법칙은 밀접하다. 양자물리학의 세계에서 모든 것은 소립자로 이루어져 있다. 물질을 구성하는 최소 단위인 소립자는 고유의 진동수, 주파수를 가지고 있고, 그 진동을 파동이라고 한다. 파동에는 과학적인 법칙이 있다. 그것은 '비슷한 것을 끌어들이고 다른 것은 제외한다'라는 법칙이다.

　전 오리건대학교 원자핵이론물리학 교수인 아미트 고스와미(Amit Goswami)의 연구는 이 파동의 성질이야말로 소망 실현의 열쇠임을 보여준다. 우리가 내는 파동의 주파수가 우리의 사고를 결정한다. 그리고 당신의 감정이 당신이 어떤 주파수와 동조하고 있는지를 알려준다. 당신의 마음, 당신의 심장 박동은 당신의 주파수를 알려주는 메커니즘이다.

　또 심장의 주파수는 지성이 있다고도 한다. 지성이 있다는 것은 하트머스 연구소라는 연구기관에서 오랫동안 연구되고 있다.

　어떤 사람을 만났을 때 왠지 기분이 좋았다. 한 팀으로 의기

투합해서 대단한 위업을 달성했을 때도 왠지 마음이 연결된 것 같은 느낌을 받는다. 이것들은 심장의 주파수의 공명과 관련이 있다.

그러므로 당신도 달성한 것과 같은 감정을 떠올리자. 감정을 떠올리면 심장의 주파수가 변한다. 이 심장 박동이 당신의 꿈에 가속도를 붙여 현실로 만들어줄 것이다.

말의 힘을 높이면 꿈이 이루어진다!

그저 실천하는 것만으로
특출난 사람이 된다

지금까지 꿈을 이루는 'MUSE 법칙'에 대해서 배웠다. 물론 '그저 종이에 적는다'라는 행위 자체만으로도 좋지만, 이 법칙을 더해서 적으면 더 잘 이루어진다는 것을 알게 되었다. 그럼, 지금부터 적는 작업을 실제로 해봤으면 좋겠다. 이 작업을 '지금 당장' 하느냐, 안 하느냐로 당신의 인생이 크게 바뀐다.

매년 수많은 출판사에서 자기계발서가 출간되고 있다. 솔직히 어떤 책이든 좋은 내용이 담겨 있다. 하지만 그저 읽는 것만으로는 아무것도 실현되지 않는다. 말과 사고, 정서, 행동이 일치하지 않으면 현실은 바뀌지 않는다.

일반적으로 책을 구입한 사람의 절반이 책을 끝까지 읽지 않는다는 데이터도 있다. 더욱이 그 절반 중 10%의 사람만이 그 책의 내용을 실천한다. 예를 들어, 이 책이 20만 부의 베스트셀러가 되었다고 해도 절반인 10만 명의 사람만이 끝까지 읽는다. 그중 실천을 하는 사람은 10%인 1만 명이다. 겨우 이 정도의 사람만 실천하는 것이다. 그저 실천하는 것만으로도 단숨에 당신은 다수의 사람들보다 뛰어난 사람이 되는 것이다.

그럼, 지금부터 당신의 설렘을 적어보자. 이 설렘에 제한은 없다. 설레는 것, 하고 싶다고 생각한 것은 모두 적어보자. 당신은 돈도, 지식도, 능력도 있고, 친구도 있다. 지금 나이에 10살을 더해보자. 10년 후의 세계에서 당신은 어떤 상태일까? 장소는? 주변은?

시각화하는 것이 중요하다. 머릿속에 떠오르는 당신은 매우 만족하고 있다. 돈도, 인맥도, 지식도, 능력도 넘친다. 그 상태의 당신은 대체 10년 전의 당신과 어떤 점이 다를까? 그 상태를 느낄 수 있다면, 당신의 몸은 변화될 것이다.

그럼, 이러한 미래의 몸 상태가 되어서 당신을 설레게 하는 것, 이미 실현하고 있는 것을 이 책에 직접 적어보자. 장면을 떠올리며 그것을 실현했을 때의 감정을 맛보며 써내려가자.

말의 힘을 높이면 꿈이 이루어진다!

설렘을 구체화하는 '데카르트 매트릭스' 시트

상상한 미래를 구체적으로 그리는 방법이 있다.

그것은 설렘을 구체화하는 '데카르트 매트릭스'라고 하는 방법이다. '5WVAKOG'의 질문에 답함으로써 당신의 미래를 이미지화할 수 있다.

다음 페이지의 시트를 실천해보자.

내가 지금 나이+10살에 이룬 것은?

-
-
-
-
-
-
-
-
-
-
-
-
-
-
-
-
-
-
-

말의 힘을 높이면 꿈이 이루어진다!

미래의 +10살의 상태

언제
(WHEN)

[   ] 세

어디서
(WHERE)

주로 [   ] 의 장소에 있다.

누구
(WHO)

[   ] 와 함께 있다.

무엇
(WHAT)

[   ] 라는 일이나
[   ] 라는 활동을 하고 있다.

왜
(WHY)

[   ] 라는 조건이나
[   ] 라는 삶의 방식을 가지고 있다.

시각
(VISUAL)

[   ] 한 풍경이 보인다.

청각
(AUDITORY)

[   ] 한 소리가 들린다.

체감
(KINESTHETIC)

[   ] 한 몸의 상태,
[   ] 한 감정을 맛보고 있다.

후각
(OLFACTORY)

[   ] 한 냄새가 난다.

미각
(GUSTATORY)

[   ] 한 것을 먹고 있다(맛이 난다).

제1장
EMPOWER 법칙 1

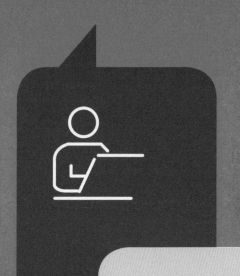

POWER
OF
WORDS

긴급한 장면

POWER
OF
WORDS

괴로운 현실은
인생이 크게 열리는 전조였다

    우리는 지루한 일상 중에 가끔 일어나는 싫은 일이나 슬픈 일 등의 현실을 잊고 싶어서 시간을 대충 보내게 된다. 하지만 '이런 나는 진짜 내가 아니야. 진정한 나는 더 빛나고, 하고 싶은 일을 하고 있으며, 설레고, 행복하며, 더 부유할 것이다'라고 생각하기 때문에, 지금 당신은 이 책을 손에 쥐었을 것이다.

    누구라도 꿈을 이룰 수 있다면 이루고 싶을 것이다. 어렸을 때는 모두 꿈을 가지고 있었다. 하지만 어른이 되면서 현실을 보게 되고, 차츰 그 꿈을 마음속 깊이 숨기게 된다. 당신도 그렇지 않을까? 그런 당신에게 진심으로 말하고 싶다. 만약 당신이 이루고 싶은 꿈이 있다면 그것을 드러내길 바란다. 그것이 무엇이든지 괜찮다.

    '부자가 되고 싶다', '애인을 만들고 싶다', '좋아하는 것을 일로 하고 싶다', '건강해지고 싶다', '멋진 사람이 되고 싶다', '행복해지고 싶다', '부유해지고 싶다', '집을 갖고 싶다'….

    지금의 현실은 괴로운 상황일지도 모른다.

    '일이 힘들다', '회사에서 정리해고 당했다', '오랜 시간 사귀

었던 애인에게 이별을 통보받았다', '회사에 있기 어렵다, 이직을 생각하고 있다', '생활이 어렵다, 빚을 지고 있다', '소중한 사람을 잃었다', '친구에게 배신당했다', '컨디션이 좋지 않다'….

이런 상황이라면 괴로울 것이다. 하지만 이 상태는 찬스다. 당신은 행운아다. '무슨 소리야? 뭐가 행운이야? 그런 바보 같은!' 이라고 생각하는 사람도 있을 것이다. 하지만 이는 인생을 크게 여는 전조현상이다. 이런 위기 상황에 큰 기회는 찾아온다. 한자의 '위기'는 '위험하다'와 '기회'로 구성되어 있다. 그래서 찬스다. 솔직히 괴로울 것이다. 하지만 꿈을 이룬 많은 사람들도 얼핏 보면 부정적인 상황에서 큰 기회를 잡고 꿈을 이룬 것이다.

'정리해고를 당해서 사업을 시작하게 되었다', '부모가 타계해 고액의 빚을 지게 되어서 분발했다', '재난이 일어나 인생을 다시 생각하게 되어 창업했다.'

내가 만난 멘토에게 물어보면 이런 이야기뿐이다. 고통스러운 현실은 당신의 인생이 활짝 열릴 징조다.

말의 힘을 높이면 꿈이 이루어진다!

내 인생의 고비에 일어난 고립힘, 계약 해지, 쿠데타

사실 나도 인생의 고비에서 괴로운 일과 마주쳤다. 과거, 벤처 기업에서 0부터 시작해서 약 10억 엔의 이익을 창출했지만, 회사가 부유해지는 순간부터 동료에게서 질투받게 된 일 등이다.

그것은 그해 송년회에서의 일이다. 갑자기 동료들로부터 욕설을 듣게 되었다. 그리고 일방적으로 폭력을 당했다. 목에 붉은 손자국이 남을 정도로 목이 졸려 하마터면 목숨을 잃을 뻔했다. 이것 말고도 사실 많다. 예를 들어, 다음과 같은 일이다.

- 매출이 너무 올라 인센티브가 폭등해 사장 연봉에 육박할 기세라며 독립을 요구당한다. '너는 혼자서 벌어들일 수 있다'라는 이유로 독립하게 되었다.
- 클라이언트의 사업을 단 1년 만에 매출 약 5배, 억 단위의 사업으로 발전시켰다. 하지만 많은 투자가 들어와 더 발전할 타이밍에, 새로 들어온 직원과 맞지 않는다는 이유로 컨설팅 계약을 해지당했다.
- 임원회에서 간간이 나에 대한 해임건의안이 나왔다. 은밀히 이루어진 쿠데타였다. 그리고 해고당했다.

마치 드라마를 보는 것 같은 사건이지 않은가? 창피한 이야기지만, 이것은 전부 실화다. 솔직히 진저리 난다고 생각하면서도 나한테 갑자기 이런 일이 일어나기 시작했다. 보통의 사람이라면 이런 일 하나라도 생기면, 비탄에 빠질 것이다. 하지만 나는 '이것이 기회'라는 것을 알고 있기 때문에 한 걸음, 한 걸음 더 나아가 더 큰 것을 손에 넣어왔다.

딱 잘라 말하겠다. 당신이 꿈을 갖고 있고 현재의 일상에 불만을 느끼고 있다면, 이런 위기 상황이 언젠가는 일어날 것이다. 아마 당신은 '아니, 필요 없어요'라고 생각할 것이다. 당연히 위기 상황 같은 것은 필요 없을 것이다. 그렇게 생각하는 사람에게 좋은 소식이 있다.

인생에서 일어나는 일은 말로 바꿀 수 있다.
지금의 현실은 당신의 입버릇으로 만들어진 것이다.

나의 경우를 예로 들면 죽을 뻔했다든가, 정리해고와 같은 전조가 있었다. 그런 현상을 일으키는 말을, 나는 스스로 해버린 것이다.

벤처기업에서 너무 힘들었을 때는, '미래에는 독립하고 말 것이다.'

클라이언트와의 컨설팅 계약을 중단했을 때는, '저 스태프는 능력이 없다', '시간이 없다', '자신의 사업에 집중하고 싶다.'

임원회에서 해고당했을 때는 '타사 협회의 이사가 좋지 않다, 바꾸는 것이 좋다.'

이상하게도 그것은 다 현실이 되었다. 내뱉은 말이 현실이 된다. 좋은 것일 수도, 나쁜 것일 수도 있는데 이것은 사실이다. 즉, 자업자득인 것이다. 말은 현실이 된다. 그것이 상대에 관한 것이라도 자신에 관한 것처럼 현실이 되는 것이다. 최면술에 걸린 것처럼 자신이 내뱉은 말은 현실로 만들어진다.

알고 있어도 깨닫게 되었을 때는 이미 늦다. 그래서 뛰어난 경영자는 '감사하자'라거나 '고맙다'라고 자주 말한다. 우리의 입버릇에 의해서 현실이 만들어진다는 것을 잘 알고 있기 때문이다.

'고마워' 이렇게 현실에 감사하는 것만으로도 현실은 그렇게 된다.

영화의 주인공은
언제나 항상 불만을 품는다

　사람을 웃게 하고 슬프게 하고 화나게 하는 등 감정을 흔드는 영화. 왜 영화는 단 2시간 만에 이토록 감정을 흔들고 감동시킬까? 그 비밀은 영화에 숨겨진 시나리오에 있다. 그 시나리오는 옛날부터 이어져 내려온 '신화의 법칙'을 바탕으로 만들어졌다. 신화학자 조셉 캠벨(Joseph Campbell)에 따르면, 신화는 인간의 성장 이야기로, 그 시나리오를 체험하면 우리는 알게 모르게 감동을 느낀다고 한다.

　그래서 영화에는 인간의 성장, 꿈을 이루는 비결이 숨겨져 있다. 그렇다면 영화의 주인공은 첫 장면에서 어떻게 그려질까?

　그렇다. 보통 꿈을 가지고 있고 현재의 상황에 만족하고 있지 않다. 당신과 닮아 있지 않은가? 당신과 마찬가지로 영화 속 주인공 역시 현실에 불만을 품고 있다. 이 부분이 포인트다. 주인공은 '이럴 리가 없어', '변하고 싶다'라며 현실과는 다른 꿈을 품고 있다. 그리고 비일상적인 꿈을 꾸면서도 못마땅한 일상에서 발버둥 치는 것이다.

말의 힘을 높이면 꿈이 이루어진다!

영화 주인공의 '못마땅한 일상'

- 가정에서의 괴롭힘 – 〈해리포터〉 시리즈
- 취직 활동의 실패 – 〈악마는 프라다를 입는다〉
- 아내를 살해했다는 의혹을 받아 조국으로 돌아갈 수 없다. – 〈인셉션〉
- 아버지는 촌장으로, 무녀로서 지방에 사는 자신 – 〈너의 이름은〉
- 오디션의 실패 – 〈라라랜드〉
- 무역회사에서 근무 – 〈위대한 쇼맨〉

이러한 현실로부터 행복한 미래를 바라고 있다. 하지만 그 상태에서는 점점 악화될 뿐이다. 현실이 점점 악화되는 가운데, 주인공은 닥친 긴급성으로 인해 어쩔 수 없이 행동하지 않을 수 없게 된다.

영화 주인공의 '행동하지 않을 수 없는 긴급성'

- 가정에서의 괴롭힘 악화 – 〈해리포터〉 시리즈
- 지망 회사 말고 다른 회사에 가게 됨 – 〈악마는 프라다를 입는다〉
- 생사가 걸린 임무의 실패 – 〈인셉션〉
- 무녀로서 타액으로 술을 만드는 창피함 – 〈너의 이름은〉
- 오디션의 실패와 좌절 – 〈라라랜드〉
- 자신이 다니고 있던 무역회사의 도산 – 〈위대한 쇼맨〉

현재 상황이 악화되고, 긴급해지면서 주인공들은 일상에서 비일상으로 발을 내딛게 된다. 새로운 세계로의 유혹인 것이다. 하지만 이것은 어디까지나 영화의 이야기다. 다시 말해, 공상 속 이야기다. 설마 자신에게 이런 일이 일어날 것이라고 생각하지는 않을 것이다.

하지만 성공한 경영자나 아티스트의 이야기를 들어보면, 그들은 꿈을 이루기까지 영화 이상의 긴급한 일에 휘말렸다고 한다. 그럼, 우리에게는 어떠한 일이 일어나게 될까? 예를 들면, 이런 것을 생각해볼 수 있다.

> · 회사에서 갑자기 해고당한다.
> · 가장 사랑했던 사람과 이별한다.
> · 멘토나 소중한 사람과 이별한다.
> · 회사를 그만둘 수밖에 없는 상황이 된다.
> · 병에 걸린다.
> · 교통사고를 당한다.

이런 괴로운 일이 생겨 움직일 수밖에 없는 상황이 되는 것이다. 계속 이루고 싶었던 꿈이 있다. 하고 싶던 일이 있다. 되고 싶은 자신이 있다… 뭔가 새로운 것을 시작하려면 변화가 필요하다. 하지만 그렇게 변하기 위해서 행동하는 것이 굉장히 어렵기에 계속 핑계만 댈 뿐이다. 할 수 없는 이유, 하지 않는 이유를 생각하게 된다. 긴급성만이 당신이 계속 이루고 싶었던 꿈으로의 한 발을 내딛게 해주는 계기가 된다.

말의 힘을 높이면 꿈이 이루어진다!

긍정적인
긴급성을 일으키자!

　부정적인 일은 솔직히 나도 정말 싫다. 하지만 나중에 돌아보면 '그때의 일이 계기가 되어서 잘 풀렸습니다'라고 말할지도 모른다. 많은 사람에게 부정적인 일은 그저 나쁜 일일 뿐이다. 겪고 싶지 않은 것이 당연하다. 하지만 이 부정적인 일을 회피할 수 있다면, 어떻게 하겠는가? 지금, '빨리 가르쳐줘!'라고 말하고 있을지도 모르겠다.

　회피하기 위해서는 역시나 '긴급성'이 핵심 키가 된다. 회사일의 마감, 갑작스러운 트러블, 클레임, 사건 등, 우리는 중요한 일보다 긴급한 일을 더 먼저 행동으로 옮긴다는 것을 알 수 있다. 사람은 인생에서 중요한 것보다 긴급한 일에 더 많은 시간을 할애한다. 그래서 하늘은 우리가 긴급성이 높은 부정적인 사건을 좋아한다고 생각해 이를 계속 발생하게 만든다. 하지만 부정적인 것은 필요 없다.

　그렇다면 당신 스스로가 '긍정적인 긴급성'을 만들어버리면 된다. 그것도 굉장히 당신에게 유리한 것으로 말이다. '뭐야, 겨우 그거야?'라고 생각하는 사람이 있을지도 모르겠다. 하지만 이것은 굉장히 중요한 것이다. 잘 풀리는 사람은 왠지 자신에게 굉장히 유리한 착각을 한다.

그렇기에 자신에게 유리한 긍정적인 긴급도가 높은 것을 상정하는 것이 중요하다. 내 경우의 '나에게 유리한 긍정적인 긴급성'을 소개하겠다.

- 어시스턴트에게 "갑자기 사정이 생겼다. 교토까지 동행해주었으면 좋겠다" 라는 말을 듣는다
- 사업부장으로부터 갑자기 "사업을 하나 구상하고 있는데, 함께해줬으면 좋겠다"라는 말을 듣는다.
- 멘토로부터 "신사업을 함께해줬으면 좋겠다"라는 말을 듣는다.
- 클라이언트로부터 "갑자기 다음 주에 커버 사진을 찍었으면 좋겠다"라는 말을 듣는다.
- 출판사로부터 갑자기 "원고를 써주었으면 좋겠다"라고 듣는다.

어떤가? 이런 긴급성이라면 부정적인 것이 아니라, 오히려 긍정적인 긴급성일 것이다. 이른바 반가운 비명이다. 이러한 긴급도가 높은 사건들로 나의 재능을 연마할 수 있다. 여기서 이 질문에 생각해보자.

'어떤 긴급도가 높은 긍정적인 의뢰가 왔을 때, 움직이면 좋을까?'

이처럼 움직인다는 가설을 질문으로 건네면 좋다. 말도 안 되거나 자신에게 유리한 일 등 무엇이든 상관없다. 뭐든지 좋다! 어쨌든, 긍정적인 긴급도가 높은 것을 생각하는 것이 중요하다.

말의 힘을 높이면 꿈이 이루어진다!

긴급성을 만들기 위해
3분간 행동하라!

피융, 피융.

울트라맨은 괴물이 나타났을 때, 3분간의 제한시간을 두고 싸워서 지구를 구한다.

피융, 피융.

혹시 우리의 마음속에도 괴물과 싸우고 있는 울트라맨이 있을지도 모른다. 현재의 상태에 만족하지 않고 일상생활에 불만을 품고 있는 것은 마음속에서 괴물에게 공격받는 상태다. 꿈은 막 생각났을 때는 아직 환상이다. 환상을 명확히 함으로써 꿈으로 바뀐다.

꿈은 숫자라는 기한을 두고 구체화함으로써 목표로 바뀐다. 목표는 습관화함으로써 예정으로 바뀐다. 그래서 3분 안에 할 수 있는 일을 생각하고, 작은 행동을 하는 것만으로도 당신이 하고 싶은 일에 긍정적인 긴급성을 안겨준다. 현실을 이상으로 전환시키기 위해 우선은, 작은 행동이라도 좋으니까 시작하는 것이 중요하다. 나 역시 인생에서 힘든 일이 있을 때는 현 상황을 바꾸기 위해 작은 시도를 끊임없이 하고 있다.

당신의 꿈을 이루기 위한 작은 행동이란 무엇일까? 설렘 리스트에 써낸 것 중 3분 만에 할 수 있는 것을 추려내보자. 예를 들면 이런 것이다.

당신이 이루고 싶은 꿈	→ 3분 안에 할 수 있는 일은?
베스트셀러 작가가 되는 것	→ 문장을 3분간 쓴다.
다이어트	→ 스쾃을 3분간 한다.
기업을 세운다.	→ 3분간 비즈니스 아이디어를 하나 생각해낸다.
하와이에 여행 간다.	→ 예산을 견적 내본다.
결혼한다.	→ 결혼 상대방의 조건을 설정한다.

그 어떤 것이든 상관없다. 당장 할 수 있는 작은 일을 '말'로 적어보자. 그것을 바로 실천해보자.

말의 힘을 높이면 꿈이 이루어진다!

머리로 먼저 이해하려는 사람은 꿈의 실현력이 약하다

　지금 당장, 빨리! 속도를 내보자. 스피드가 생명이다. 당장 실행하는 것이 중요하다는 것을 알고 있지만, 좀처럼 움직일 수 없다는 사람도 많을 것이다. 그럼, 어떻게 하면 빨리 행동으로 이어지게 할 수 있을까?

　그것은 머리로 생각하지 않고 본능으로 움직이는 것이다. 어린아이는 어떤 것에 흥미를 느끼면 바로 움직인다. 그리고 도전함으로써 뭔가를 배운다. 우리는 어른으로 성장해나감으로써 본능이 점점 약해진다. 행동하려고 해도 실패를 두려워하는 이성이 작용해 생각하게 되고 망설이게 된다.

'이것이 맞는 일일까?'
'나는 정확하게 이해하고 있을까?'
'잘못한 것은 아니겠지….'

　이렇게 마음속으로 생각하는 경향이 있다면, 당신은 이성 우선주의다. 이성으로 마음의 본능을 억제하고 있다. 이성이 뛰어나면 실현력을 약하게 만든다. 본능이 하고 싶어도 이성으로 '그것이 맞아? 할 수 없잖아'라고 본능의 의견을 누른다.

　또한, 앞에서 이야기한 3분간 해보고 싶은 일이 좀처럼 떠오르지 않는다면, 이성이 너무 강한 것이다. 잠시 본능에 몸을 맡겨보자. 그래도 본능이 좀처럼 나오지 않는다는 사람도 있을 것이다. 여기에서 꿈의 실현력을 높이기 위해서 본능이 나오게 하는 방법에 관해 설명하려고 한다.

3분간 "고맙습니다"라고 하면 말의 반사신경이 단련된다

본능을 높이는 방법, 그것은 '말의 반사신경'을 단련시키는 것이다. 현실은 당신이 사용하고 있는 말, 듣고 있는 말로 이루어져 있다. 단순히 3분간 같은 단어를 말하는 것만으로도 이성이 억제된다.

LA 캘리포니아 의대의 숀 영(Sean Young) 교수는 저서《UCLA 의대 교수가 가르치는 과학적으로 증명된 궁극의 해내는 힘》에서 '뇌의 반복적인 힘'에 대해서 이렇게 말했다.

"인간의 뇌는 놀라울 정도로 효율적이다. 차는 수동모드로 움직이려면 항상 조직하는 것을 의식하지 않으면 안 되고 번거롭다. 반면 뇌가 좋아하는 것은 자동모드다. 뇌가 항상 일을 쉽게 하는 방법을 찾고, 도파민 등 신경 질문이라는 배상을 주며, 여러 번 반복되는 행위를 습관화시킨다. 이 습관은 우리가 가장 먼저 취하는 행동이 된다."

당신이 계속 여러 번에 걸쳐 "고맙습니다"라고 반복하는 것만으로도 뇌는 이 '고맙습니다'를 습관화하려고 한다. 습관화된 것은 반사적으로 이루어지기 때문에 이성이 나올 틈이 없어진다. '고맙습니다'가 나오기 쉬워지는 것이다.

우선은 매일 3분간 고맙다고 그냥 말해보자. 그것만으로 당신은 바뀐다. 의심이 생기는 사람일수록 실험해보자.

"고마워, 고마워, 고마워, 고마워, 고마워…."

정말 한번 해보자! 약속이다.

우리는 말을 하게 되어 있다. 당신은 뭔가를 생각할 때 말을 사용해서 할 것이다. 즉, 사고는 당신이 평소에 사용하는 어휘로 정해져버린다. 당신이 인생을 바꾸고 싶거나 꿈을 이루고 싶다면, 지금 사용하고 있는 말을 바꿔라. 당신이 꿈꾸는 미래에 사용하고 있을 것 같은 말로 채우는 것이 중요하다. 그때 자주 쓰는 말 중 하나는 분명 '고맙습니다'일 것이다. 매일 그저 고맙다고 말하는 것만으로 당신의 생각은 '고마움'으로 채워져 간다. 처음에는 무작정 '고맙습니다'라고 말하는 것이 부끄러울 것이다. 하지만 우선은 그냥 "고마워, 고마워, 고마워"라고 3분간 반복해보자.

이상하게도 매일 말하다 보면 점차 고맙다고 생각할 기회가 많아진다. 진실 같은 거짓말로 여겨질지 모르지만, 당신의 일상은 감사의 일상으로 변해갈 것이다.

일상의 고마움을 깨닫게 되면 민감해진다. 일상에서 당신이 한 걸음 앞으로 나아가기 위한 메시지를 받을 수 있게 된다. 그 메시지는 당신을 움직이는 본능이자 영감의 원천, 이상한 우연의 일치처럼 그러한 것이 일어나기 쉬운 일상이 찾아오는 것이다.

말의 힘을 높이면 꿈이 이루어진다!

물론 '고맙습니다'만으로는 잘되지 않는다. '고맙습니다'라는 말은 그저 계기일 뿐이다. 다시 말해, 당신이 진심으로 원하는 것, 그것을 깨닫는 상태를 만드는 계기다. "고맙습니다"라고 계속 말하다 보면 어느 날 갑자기 말도 안 되는 부탁에도 "고맙습니다"라고 말하며 "예스!"라고 대답할 수 있게 될 것이다. 평소의 당신이라면 자기도 모르게 거절해버리는 일임에도 기쁘게 "예스!"라고 말하며 기회를 잡을 수 있을 것이다. 당신은 이러한 거짓말 같은 순간에 '고맙다'라는 말을 할 수 있을까. 이것이 인생의 분기점이다.

E(Emergency) : 긴급성 장면

당신은 일상에서 매일 불만을 품고 있거나 꿈에 대해 동경을 품고 있다.
긴급도 높은 사건에 직면했을 때 꿈이 움직이기 시작한다.

 당신의 꿈을 움직이게 하는 긴급성 높은 긍정적인 일이란?

 그때 당신 몸 상태는?

 긍정적인 긴급성이 생길 수 있는 구체적인 장면이란?

 당신은 그때 어떤 기분일까?

꿈을 이룰 수 있는 트레이닝

 앞 장에서 작성한 설렘 목록에
'지금 당장', '3분 동안', '3일 이내', '일주일 이내'를
사용해서 긴급성을 추가해보자.

> 예) 일주일 후에 당신이 계속하고 싶었던 일 의뢰가 들어온다.
> 3일 이내에 원했던 정보를 손에 넣을 수 있게 된다.

 3분 만에 매일 할 수 있는 행동들을
설렘 리스트와 맞춰보자.

> 예) 3분 동안 근육 트레이닝을 50회 한다.
> 3분 안에 글을 써본다.

 매일 3분간 '고맙습니다'라고 말해보자.

말의 힘을 높이면 꿈이 이루어진다!

제2장
EMPOWER 법칙 2

POWER
OF
WORDS

멘토 & 뮤즈의 등장

POWER
OF
WORDS

사원의 입버릇이
조직 문화를 만든다

"좋다!"
"그거, 새로운 발견이네!"
"분명 잘될 거야!"

잘나가는 기업일수록 이런 말들이 자주 들린다. 신기하게도 회사 내의 버릇이 그대로 기업의 실적에 반영되는 것이다. 우리의 근육은 조금 위험하다. 무슨 의미인가 하면, 무슨 말을 듣거나 사물을 만지면 머리로 이해하기 전에 사물의 본질을 헤아리게 된다. 그 결과, 반복된 말을 몸은 무의식적으로 믿고, 그것에 기초한 행동을 무심코 하게 된다는 것이다. 반대로, 회사 내의 악담이나 좋지 않은 소문과 같은 이야기는 보이지 않는 형태로 당신의 상황을 악화시켜서 좋지 않은 조직이나 문화를 구축하게 된다.

"그 사람, 일할 때 실수가 너무 잦아."
"그 사람은 실패자야."
"곧 잘릴 거야."

이런 말이 많이 나오는 회사는 주의가 필요하다. 자연스럽게 실수를 용납하지 않는 조직이 되기 때문이다. 공포스러운 문화가 뿌리내린다. 결과적으로 이러한 소문들이 조직 전체에 침투해간다. 이러한 이야기를 듣게 되는 쪽은 비극이다. '못한다'라는 꼬리표가 줄곧 따라다니게 되는 것이다. 이렇게 나쁜 기업 문화가 만들어진다. 즉, 우리는 자신의 말뿐만 아니라 평소에 듣던 말로 현실이 완성되는 것이다.

긍정 심리학의 숀 에이커(Shawn Achor)와 미국 온라인 매체 〈허브 포스트〉의 창업자인 아리아나 허핑턴(Arianna Huffington)이 진행한 연구가 있다. 그것은 아침에 단 몇 분 동안 부정적인 뉴스를 보고 듣는 것만으로도 하루 감정 전체가 영향을 받는다는 것이다.

두 사람의 연구 결과에 따르면, 아침에 3분 동안 부정적인 뉴스를 본 사람들은 6~8시간 후에 그들의 하루를 돌아봤을 때, 부정적인 뉴스를 보지 못한 사람들에 비해 '별로 좋은 하루가 아니었다'라고 답한 비율이 27%나 많았다. 이 연구를 통해 자신이 무심코 한 말뿐만 아니라 듣는 말도 포함해서 현실이 완성되고 있음을 알 수 있다. 그렇다는 것은 말하거나 사용하는 단어를 바꾸거나 듣는 말을 바꾸는 것만으로도 현실은 바뀔 수 있다는 것이다.

그럼, 어떤 말들이 좋을까? 자신의 꿈을 이미 이룬 사람이 사용하고 있는 말이 좋다. 즉, 강사나 멘토의 말이다. 멘토가 사용하고 있는 말에 꿈을 이룰 수 있는 큰 힌트가 숨겨져 있다.

말의 힘을 높이면 꿈이 이루어진다!

세계 일류 경영자에게는 반드시 멘토가 있다

자신의 꿈을 명확하게 하는 방법 중 하나는 그 꿈을 이미 이룬 선생님이나 지도자, 멘토라고 불리는 사람을 만나는 것이다.

아시아 역사상 처음으로 세계 랭킹 1위에 오른 테니스 선수인 오사카 나오미(大坂なおみ). 그는 사샤바진(Sascha Bajin) 전 코치를 만난 후, 약 1년 만에 세계 랭킹 6등에서 1등까지 단숨에 올라갈 수 있었다. 자신의 멘토를 만나는 것은 성공의 확률을 크게 높인다. 이미 꿈을 이룬 사람은 역시 여러 가지 것을 알고 있다. 자신의 모델이 되는 인물을 만나는 것이 중요하다.

영화에서는 '반드시'라고 해도 좋을 정도로 주인공 앞에 멘토가 등장한다.

- 〈스타워즈〉 시리즈의 주인공인 루크 스카이워커에게는 제다이 기사인 오비완 케노비와 제다이 마스터인 요다.
- 〈해리포터〉 시리즈의 주인공인 해리포터에게는 호그와트 마법학교 교장 앨버스 덤블도어.
- 〈악마는 프라다를 입는다〉의 주인공 앤디 삭스에게는 편집장인 미란다.
- 〈매트릭스〉의 주인공 네오에게는 전설적인 해커이자 선장

인 모피어스.

마찬가지로 현실 세계에도 반드시 스승이 있게 마련이다.

- 마쓰시타 고노스케(松下幸之助) 경영의 스승은 산토리 창업
  자 토리이 신지로(鳥井信治郎).
- 소니 창업자인 이부카 마사루(井深大), 모리타 아키오(盛田
  昭夫)의 스승은 전 제국은행장인 만다이 준시로(万代順四郎).
- 실리콘밸리 세계에서는 애플 창업자 스티브 잡스(Steve
  Jobs), 알파벳(구글의 모회사)의 전 회장 에릭 슈미트(Eric
  Emerson Schmidt), 창업자 래리 페이지(Larry Page), 페이스
  북의 셰릴 샌드버그(Sheryl Sandberg)에게는 빌 캠벨(Billy
  Campbell)이라는 공통의 코치가 있었다. 《1조 달러 코치》에
  서 저자 에릭 슈미트는 빌 캠벨이야말로 구글의 성공에 가장
  중요한 존재 중 한 사람이었다고 단언한다.

꿈을 이루기 위해서는 멘토가 꼭 필요하다. 멘토는 당신을 힘
든 일상에서 비일상의 동경의 세계로 데려온다. 당신은 어떤 멘
토를 만나고 싶은가?

말의 힘을 높이면 꿈이 이루어진다!

왜 꿈을 이루는 사람은
기회를 만날 수 있는 자리에 가는가?

멘토를 만나는 방법은 매우 단순하다. 멘토를 만날 수 있는 곳으로 가는 것뿐이다. 하버드대학교 진화동력학연구소와 프린스턴 고등연구소에서 연구하는 바나비 마쉬(Barnaby Marsh)에 따르면, 기회를 만날 만한 곳에 몸을 옮김으로써 행운을 잡은 사람이 많다고 한다.

예를 들어, 그리스 해운왕으로 알려진 아리스토텔레스 오나시스(Aristotle Onassis)도 처음부터 운이 좋았던 것은 아니다. 오나시스는 먹기도 힘든 가난할 때도 늘 최고급 호텔에서 홍차를 마셨다고 한다. 나중에 결혼하게 될 그리스 해운왕 스타브로스 리바노스(Stavros Rivanos)의 딸 아티나(Athina)를 만난 것도 일류 호텔 '더 플라자'의 로비였다.

오나시스의 습관은 항상 만남을 기대할 수 있는 곳으로 발길을 돌리려고 노력하는 것이었다. 오나시스가 세계적인 대부호가 될 수 있었던 것도, 오페라 가수 마리아 칼라스(Maria Callas)를 만난 것도, 나중에 고(故) 케네디(John F. Kennedy)의 전 부인 재클린 케네디(Jacqueline Kennedy Onassis)와 결혼할 수 있었던 것도 전부는 아니지만, 이 습관 덕분일 것이다.

꿈을 이루는 사람은 기회가 올 것 같은 장소에 잘 찾아가는 습관이 있다. 그러니 당신도 적절한 장소에 가서 조용히 기다렸다가 다가오는 행운을 잡으면 된다.

오나시스와 마찬가지로 페이스북 창업자 마크 저커버그(Mark Zuckerberg) 역시 이를 잘 알고 있다. 그는 엔지니어로도 유명하지만, 기회가 내려오는 곳에 제대로 잘 있기도 했다.

2004년 여름, 저커버그는 캘리포니아주 팔로 알토에 이사했다. 하이테크 기업이 많은 팔로 알토에서 한 사람을 알게 되자 그것이 다음 인맥으로 이어졌다. 그 인맥을 통해 음악 파일 공유 서비스 냅스터의 창업자로 알려진 숀 파커(Sean Parker)를 만나 페이스북 초대 CEO로 만들었다.

또 링크드인 창업자 리드 호프만(Reid Hoffman)을 알게 되어 출자 의뢰를 했다. 호프만은 동업이라는 이유로 출자를 거절하고, 대신 페이팔 창업자인 피터 틸(Peter Thiel)을 소개했다. 틸은 저커버그에게 50만 달러나 투자했다. 저커버그는 행운을 얻을 수 있는 곳으로 이사함으로써 결국 거액의 투자를 받을 수 있었고, 막대한 이익을 얻을 수 있었다.

나는 20살에 '멘토'라는 말을 책에서 처음 알게 되었다. 혼다 켄(本田 健) 씨의 《스무 살에 만난 유대인 대부호의 가르침》이나 간다 마사노리(神田昌典) 씨의 《성공자의 고백》의 가르침을 읽고, 나도 멘토를 만나고 싶다는 꿈을 가지게 되었다. 그래서 나를 이끌어주는 스승, 그런 사람을 만날 수 있었으면 해서 많은 경영자를 만날 수 있을 만한 곳을 찾아갔다.

상장기업을 배우고 싶어 GMO 인터넷 그룹 대표 쿠마가이 마사토시(熊谷正寿) 씨를 만나러 GMO 인터넷 면접을 신청했다. 훌륭하게 채용되어 인사부의 스태프로 입사했다. 입사 일주

말의 힘을 높이면 꿈이 이루어진다!

일 만에 대표도 만나고 가르침을 청할 수 있었다. GMO 인터넷 임원, 관리직 분들이 나의 멘토가 되었다. 많은 IT 기업 경영자를 만나는 계기가 되기도 했고, 경영 노하우를 배울 수 있었다.

장래에 경영 컨설턴트, 작가인 간다 마사노리 씨와 같은 비즈니스를 하고 싶다고 생각해 그를 만나러 갔다. 강연회나 고액 세미나에도 방문했다. 만나러 다니다 보니 22살에 간다 씨 고객 리스트의 고액 랭킹에도 들어가게 되었다. 그렇게 배우고 실무 경험을 쌓은 결과, 그로부터 몇 년 후, 함께 사업을 하게 되었다. 그 밖에도 지금 나의 멘토가 되어 있는 사람은 만나야 할 장소에서 제대로 만났다.

지금은 인터넷에서 얼마든지 만날 수 있는 곳을 찾을 수 있다. 멘토를 만나고 싶으면 멘토를 만날 수 있는 곳으로 가면 된다. 기회를 잡을 수 있는 곳에 몸을 움직이는 것이 중요하다.

멘토를 찾는 간단한 방법

멘토와 만날 방법에 대해 아직 감이 안 오는 사람이 있다면, 아주 간단한 방법 3가지가 있다.

① 책을 읽는다

우선 대형 서점으로 발길을 옮긴다. 당신이 이루고 싶은 꿈의 장르 코너에 서서 그 카테고리에 있는 책을 닥치는 대로 쭉 살핀다. 그러다가 감이 온 사람이 당신의 멘토 후보다. 굉장히 간단하지 않나.

멘토 후보라고 생각한 사람을 인터넷으로 알아보고 연락해 본다. 페이스북 메신저든, 트위터 리트윗이든, 인스타그램이든, LINE이든 지금이라면 연락할 수 있는 수단은 얼마든지 있다. SNS 등을 통해 "당신의 책을 읽고 재미있어서 당신을 만나고 싶은데 강연회나 세미나 기회가 없을까요?"라고 묻는 것이다. 나도 책을 내는 저자라서 잘 알고 있다. 그렇게까지 말하며 연락을 주면 기뻐서 내 예정을 무심코 가르쳐주게 된다.

② 세미나나 강연회, 동영상 보기

직접적인 접촉을 하지 않아도 세미나나 강연회에 가보는 것도 좋다. 만약 비용이 신경 쓰인다면, 유튜브에서 이름을 검색

말의 힘을 높이면 꿈이 이루어진다!

해 그 사람의 강연이나 세미나가 동영상으로 올라와 있으면 무료로 볼 수 있다.

③ 주변 사람에게 소개받는다

'이런 멘토'라는 멘토의 구체적인 이미지가 있다면 가까운 사람에게 물어보자. 의외로 주변의 아저씨나 아주머니가 이미 당신이 이루고 싶은 꿈을 이루었을지도 모른다. 또 추천하는 것은, 한번 생긴 멘토로부터 다른 멘토를 더 소개받는 것이다.

멘토들의 소지품과 입버릇에
성공의 비밀이 있다

시간이 맞지 않는 시계, 검게 빛나는 몽블랑 볼펜 등, 멘토의 소지품에는 성공의 비결이 숨겨져 있다. 성공한 사람일수록 소지품, 몸에 지닌 것에 의미가 있다. 하나하나에 의미를 부여해서 가지고 있다.

멘토를 만나게 된다면, 소지품에 주목하자.

예를 들면, 내 멘토인 간다 마사노리 씨는 LVMH 그룹, 특히 디올 옴므의 옷을 입고 있다. 간다 씨의 이상형 경영자는 LVMH 그룹의 총수이자 패션계의 제왕인 베르나르 아르노(Bernard Arnault)다. LVMH의 패션을 익힘으로써 베르나르 아르노의 정신을 느끼고 영감을 받고 있다고 말한다.

내 인생을 바꿔준 만남 중 하나로 토니 부잔(Tony Buzan) 씨와의 만남이 있다. 전 세계적으로 널리 퍼진 사고 도구, 마인드맵의 개발자인 부잔 씨는 늘 손목에 시계를 차고 있다. 10여 년 전, 영상 회사에서 어시스턴트를 하고 있을 무렵, 나는 부잔 씨와 함께 교토와 나라에 여행할 기회가 있었다. 그때 부잔 씨의 삶의 방식을 슬쩍 엿볼 수 있었다.

부잔 씨는 시간을 굉장히 여유롭게 사용한다. '바로 이것이다!'라고 생각하는 것, 열정을 쏟고 싶은 것에 대해서는 굉장히 집중해서 시간을 쓰는 모습이 인상적이었다. 그는 교토의 다이

말의 힘을 높이면 꿈이 이루어진다!

마루에서 커프스 하나를 선택하는 데도 차분히 시간을 썼다. 부잔 씨는 늘 살바도르 달리(Salvador Dali)의 '기억의 고집'을 모티브로 한 손목시계를 차고 다녔다. 이 달리의 시계는 '시간은 환상'임을 상징한다.

그리고 부잔 씨와 동대사를 보러 갔을 때 부잔 씨는 나에게 이렇게 속삭여주었다.

"야스히로, 너는 좋은 여행 친구구나. 분명 너는 훌륭한 인물이 될 거야. 야스히로, 일본은 참 훌륭하네. 이 동대사는 옛 건물이지만, 400년 전의 미래 건물이라고 해도 믿을 수 있을 정도야. 그만큼 일본 역사는 훌륭해."

부잔 씨의 한마디 한마디는 시간 개념을 뛰어넘는 듯했다. 이처럼 뛰어난 사람이 몸에 지닌 것에 주목하다 보면 비밀이 보일 것이다. 숨은 뜻이 있는 법이다. 마찬가지로 뛰어난 사람이 하는 말, 쓰는 말에도 의미가 있다. 성공한 멘토의 소지품을 흉내 내고 싶지만, 돈이 없는 사람은 멘토가 하는 말, 쓰는 말이라면 금방 따라 할 수 있으니 그가 어떤 말을 하는지 주목해보자.

일류는 이미 '힘을 높이는 말'을 사용하고 있다

멘토의 말 한마디에는 꿈을 이루기 위한 '힘을 높이는 말'이 숨겨져 있다.

"당신처럼 사업에서 성공하려면 무엇부터 시작해야 합니까?"

옛날에 나는 한 비즈니스 멘토에게 질문했다. 그러자 멘토는 이렇게 말했다.

"우선 네가 하는 말을 조심해야 해. 말 자체가 가장 중요한데도 불구하고, 많은 사람들은 자신이 하는 말을 신경 쓰지 않아. 자기가 하는 말이 현실을 만들고 있는데 참 이상해. 뛰어난 사람은 모두 말의 힘, 말이 즉 세계라는 것을 알고 있어. 예수 그리스도, 붓다, 공자 등 성인이라고 불린 사람은 반드시 말에 집착하지."

우리가 평소에 하는 말, 그 말에 의해 사고가 만들어진다. 그 생각으로 행동이 결정되는 셈이다. 평소에 쓰는 말을 바꾸면 당연히 생각이 바뀌고 행동이 달라진다. 멘토가 사용하는 말, 입버릇을 흉내 내보면 당연히 당신의 사고가 멘토와 같은 사고가 될

말의 힘을 높이면 꿈이 이루어진다!

것이다. 그 사고가 되면 멘토와 똑같이 행동할 수 있다. 흉내를 내면 배울 수 있다. 즉, 멘토의 말을 흉내 내면 멘토의 높이는 말의 힘을 배울 수 있다.

여기에 더해 멘토의 감정을 따라 해보자.

기쁨을 어떻게 표현하고 있는가?
슬픔을 어떻게 표현하고 있는가?
분노를 어떻게 표현하고 있는가?

이때 작은 몸짓도 중요하다. 내 멘토는 긴장했을 때 손가락 손톱 부근을 주무르는 버릇이 있다. 손가락 끝을 비벼서 혈류를 좋게 하면 머리 회전이 잘된다. 멘토들의 말, 감정, 몸짓을 당신도 익히는 것이다. 그렇게 말의 힘을 높여가자.

말을
관리하자

성공한 사람들이 처음부터 성공한 것은 아니다. 성공하기 전에 스스로 말을 관리하고, 그 말을 사용해서 그 말대로의 인물이 된 것이다.

패션계의 제왕 아르노도 처음에는 프랑스에서 성공한 부동산회사의 사장이었다. 그는 미국으로 출장 갔을 때 택시 기사가 "프랑스에서 아는 건 디올(Dior) 정도야"라고 말한 것에서 힌트를 얻었다. 디올이야말로 세계에서 가장 유명한 프랑스인임을 깨달은 것이다.

아르노는 귀국 후 브랜드 디올을 인수했다. 그리고 디올을 보유한 뒤에는 세계를 돌 때마다 자신을 프랑스의 '이동 대사'처럼 생각하며 행동했다. 또한, 브랜드를 관리하고 인수를 거듭하며 재창조해 패션계의 제왕이 되었다.

아르노가 자주 쓰는 말로, '패션 크리에이티브(창조에 대한 열정)'라는 게 있다. 아르노의 이 말은 LVMH 그룹의 행동규범인 '① 창조와 혁신, ② 탁월성 추구, ③ 창업가 정신 육성'이라는 3가지 신조에도 반영되어 있다.

오래된 브랜드가 LVMH 그룹에 의해 부활한 것도 이 아르노의 언어 관리 덕분이다. '~라고 하면 당신', 그렇게 될 수 있도록 당신이 사용하는 말을 관리하자. 아르노의 경우, '프랑스 하면

말의 힘을 높이면 꿈이 이루어진다!

디올'이라고 생각했다. 그리고 자신을 프랑스의 이동 대사로 여기며, 사용하는 말을 관리하고 행동으로 보여줬다.

지금은 아직 꿈을 이루지 못해도 괜찮다. 말을 사용해서 꿈을 이룰 수 있는 자신이 되도록 관리해나가자. 그러기 위해서라도 멘토의 목소리를 많이 들어야 한다. 만약 멘토가 오디오 세미나를 하고 있다면, 여러 번 그 세미나를 들으며 흉내 내어 연습해보자.

최근에는 다양한 방법으로 멘토의 목소리를 들을 수 있다. Himalaya나 Voicy, 이전부터 있던 팟캐스트나 TED도 있다. 오디오 세미나가 아니더라도 책이나 블로그 등에서 하는 말을 실제로 써보자. 또한, 구글의 동영상 항목을 살펴보면 여러 인물의 영상이 나온다. 영상을 보고 그 인물의 리듬, 템포, 어떤 말을 사용하는지를 주의하면서 흉내 내는 것만으로 현실이 조금씩 바뀌게 될 것이다.

또한, 속기하는 것도 추천한다. 속기하면 그 사람의 특징이 조금씩 보인다. 목소리 톤이나 리듬, 말을 끊는 타이밍, 어떤 단어를 사용하고 있는지 알 수 있다. 그 사람이 그 사람인 특징이 보일 것이다. 과거에 쓴 책이라도 좋다. 어떤 말을 쓰고 있는지 알아보자.

성장하고 있는 벤처는 사명선언문(mission statement)이나 비전이 있고, 그러한 것을 조례로 주창하고 있다. 이런 것들은 좋든, 나쁘든 효과적이다. 사명선언문은 기업 내 언어를 관리해나간다. 언어를 관리함으로써 브랜드가 유지된다. 마찬가지로 뛰어난 저자가 되면 그 저자 특유의 말이 있다. 말을 관리하는 것부터 시작해보자. 말은 돈이 많이 들지 않고, 가장 효과가 크다.

당신을 현혹시키고 이끄는
영감의 여신 뮤즈

　이야기 속에서 여신 뮤즈는 계기를 안겨준다. 뮤즈는 이야기를 진행시켜 나가면서 나타났다가 사라지기를 반복한다. 그저 함께 있는 것만으로도 가슴이 뛰는 존재로, 대화를 나누는 것만으로 영혼이 기뻐한다. 함께 보낸 시간에 따라서는 영감이 생기기도 한다.

　뮤즈는 제멋대로인 성격으로, 주인공을 현혹시킨다. 하지만 주인공은 뮤즈와의 경험으로 자기 내부의 잠자는 재능을 활성화시킨다. 뮤즈는 주인공이 계속하고 싶었던 일이나, 하고 있었지만 좀처럼 싹이 나지 않았던 재능을 꽃피우는 것이다.

　영화 〈매트릭스〉의 뮤즈는 트리니티다. 트리니티는 주인공 네오를 이끌고 매트릭스의 세계로 끌어들인다. 멘토 모피어스와 만남의 계기를 마련한 것도 트리니티다. 네오는 트리니티에 대한 사랑으로 재능을 깨운다. 이 밖에 〈루팡 3세〉의 미네 후지코도 루팡의 뮤즈다. 너무 섹시하기는 하지만, 루팡은 후지코를 사랑하고 후지코를 위해서라면 뭐든지 한다.

　평소의 자신 같으면 절대로 하지 않을 텐데, 왠지 뮤즈가 있으면 마음이 움직여서 새로운 것에 도전하게 된다. 뮤즈는 당신을 현혹시키고 영감을 주며 비일상의 새로운 세계로 인도한다. 그래서 꿈을 이루기 위해서는 멘토만큼 뮤즈의 존재가 중요하다.

말의 힘을 높이면 꿈이 이루어진다!

다만 처음 만난 시점에서는 크게 별다른 일이 일어나지 않을 수도 있다. 약간 거슬리거나 끌리는 정도일 것이다.

하지만 그 사람과 함께 있는 것만으로 새로운 자신이 되어가는 느낌이 있다면 그 사람의 말에 귀를 기울이자. 그리고 당신의 마음을 따라가보자. 그 말을 계기로 당신은 새로운 행동을 하게 될지도 모른다.

이상적인 파트너를
확실히 만나는 마법의 방법

'인생을 같이할 이상적인 파트너를 만나고 함께 지낸다', '함께 사업을 할 수 있는 비즈니스 파트너를 만난다' 이런 꿈을 가진 사람도 많을 것이다. 하지만 좀처럼 이루어지지 않아 '왜 나는 파트너를 만나지 못할까?' 고민하는 사람도 있다.

사실 파트너를 만나는 간단한 방법이 있다. 우리는 이것을 이미 앞서 배웠다. 이상적인 파트너를 만나는 방법은 파트너의 이상형을 종이에 적는 것이다. 다만 다음과 같은 것은 NG다.

- 나에게 잘해주는 사람
- 소중히 대해주는 사람
- 나를 좋아한다고 말해주는 사람
- 요리 잘하는 사람
- 같이 여행 가줄 사람

많은 사람이 이런 글을 쓰게 되니, 좀처럼 만나기 어려워지는 것이다. 물론 이렇게 생각하는 것도 중요하다. 하지만 어딘가 부족하다. 아쉽게도 이것만 있으면 만날 수 없다. 이것을 누군가가 들었을 때, 그것을 들은 사람의 머릿속에 울림을 주지 않기 때문이다.

말의 힘을 높이면 꿈이 이루어진다!

상냥하다느니, 즐겁다느니 하는 추상적인 내용은 들은 상대의 머릿속에 떠오르지 않는다. 뇌의 검색 결과에 걸리지 않는다. 조금 더 파트너 상을 명확히 해야 한다. 당신 이외의 사람의 머릿속에서도 그러한 모습이 상상되어 주변에서 검색할 수 있도록 해야 한다.

이렇게 구체적으로 생각해보자. 남자친구를 원한다면 '키가 175cm 이상', '11월에 태어난 사람', '오사카 출신', '직업은 시스템 엔지니어' 이런 식으로 생각하면 어떨까? 조금은 검색에 걸릴 것이다. 게다가 그 조건에 '근육질 몸매', '스포츠를 좋아한다'라는 조건을 더하면 어떠한 인물이 떠오를 것이다. 거기에 좋아하는 이름이나 이니셜 등을 더하면 원하는 상대를 찾을 수 있을 것이다.

여자친구의 경우라면, '키 160cm 정도', '3월생', '피부가 하얗다', '그림을 좋아한다', '뮤지컬이나 미술전을 좋아한다' 등을 생각해볼 수 있을 것이다.

어떤가. 뭔가 떠오르지 않는가? 맞다. 이것은 구인광고와 같다. 당신이 만나고 싶은 사람에 대해 자세하게 구인광고를 쓰는 것이 중요하다.

이 방법을 사용해서 오사카에 사는 H씨는 이상형을 만나 멋지게 결혼에 골인했다. 관건은 키를 구체적으로 써낸 것, 슈트가 어울린다는 조건을 더한 것이었다. 그는 처음 만났을 때 이 사람인 줄 알았다고 한다. 가장 중요하게 생각했던 부분인 '함께 여행을 즐길 수 있을까?'에 대한 것도 만족시켰다고 한다.

비즈니스 파트너도 마찬가지다. 당신의 부족한 요소를 보완해

주는 사람의 조건을 구체적으로 쓰면 된다.

'비즈니스에 정통하다', '과거에 몇 번인가 스스로 창업했다', '3년 이상 디지털 마케팅을 하고 있다.'

그뿐만 아니라 외모에 대해서도 구체적으로 쓰면 좋다.

'키가 170cm 이상, 오사카 출신.'

이런 식으로 구인광고를 써보는 것이다. 쓰다 보면 포커스의 원리가 작용해 당신의 뇌 검색 기능에 입력된다. 그러면 뇌는 자동으로 그 대상자를 계속 찾게 된다. 원하는 사람에 대해 글로 써봄으로써 가까운 미래에 뇌는 당신에게 그 대상자를 전해 줄 것이다.

말의 힘을 높이면 꿈이 이루어진다!

EMPOWER 법칙 2 | '멘토 & 뮤즈의 등장' 장면 시나리오 만들기

M(Mentor & Muse) : 멘토 & 뮤즈의 등장 장면

꿈을 이루는 가장 확실한 방법은 이미 이룬 사람을 만나는 것이다.
만나서 배우고 그것을 그대로 실천하는 것은 대체로 이루어진다.

 당신의 멘토나 뮤즈는 누구일까? 어떤 능력을 가진 멘토, 뮤즈일까? 구체적인 이름을 써보자.

 그때 당신 몸 상태는? 멘토나 뮤즈로부터 무엇을 배울까?

 당신과 그 멘토나 뮤즈는 어떤 장소에서 만나고 있을까?

 멘토나 뮤즈와의 만남에서 어떤 감정을 느끼고 싶은가?

꿈을 이룰 수 있는 트레이닝

 멘토가 될 사람을 찾는다.
또한, '책을 읽는다', '강연회나 세미나에 간다',
'주변 사람에게 멘토를 소개받는다'를 시작해보자.

 멘토에게 배운다.
멘토가 가지고 있는 물건이나 입버릇을 관찰해서 흉내 낸다.

 이상적인 파트너 상, 만나고 싶은 사람을 구체적으로 그린다.

제3장
EMPOWER 법칙 3

POWER
OF
WORDS

장애물과
힘의 등장

POWER
OF
WORDS

왜 잘되기 시작할 때
장애물이 발생할까?

EMPOWER 법칙 1에서는 이상적인 미래를 상상하고 움직이기 위한 '긴급성'에 대해 생각했다. 법칙 2에서는 멘토 & 뮤즈에 의해 자신에게 필요한 이상적인 모습을 보다 명확히 해나갔다. 솔직히 여기까지는 수많은 자기계발서의 성공법칙에서 자주 들은 내용도 있을 것이다.

그런데 왜 성공법칙을 배워도 잘 안되는 사람이 있을까? 단기간에 성과가 나오는 사람도 있고, 안 나온다는 사람도 많다. 반대로 오히려 인생이 악화되었다는 사람도 있다. 도대체 왜일까?

그 이유는 장애가 상정되어 있지 않다는 데 있다. 뭔가 바꾸려고 할 때는 반드시 큰 반동이 일어난다. 비행기는 이륙할 때까지 큰 에너지가 필요하다. 가속하고 공중으로 올라갈 때까지 각종 공기의 마찰을 받는다.

당신도 마찬가지다. 꿈을 이루기 위해 새로운 말을 생각하고 손으로 받아 적으며 행동하면, '반드시'라고 해도 좋을 만큼 반발이 일어난다. 언제나 비슷한 문제에 부딪힌다. 많은 사람은 변하고 싶어 하면서도 마음속으로 변해서는 안 된다고 생각한다. 그것은 영화에서도 마찬가지다. 그래서 시련을 겪게 된다.

〈매트릭스〉의 세계에서는 멘토 모피어스가 네오에게 매트릭스의 세계로 가기 위한 시련을 건넨다. 맞다, 바로 그 유명한 장면이다. "파란색 캡슐이냐, 빨간색 캡슐이냐?"다. 그리고 빨간색 캡슐을 마시고 매트릭스의 세계로 가면 생각지도 못한 현실을 발견할 수 있다.

멘토를 동경해 일상의 세계에서 비일상의 세계로 들어갔다고 생각했지만, 현실은 크게 다르기도 하다. 게다가 그 세계 주민들로부터 괴롭힘을 당한다. 〈매트릭스〉에서 네오는 트리니티에 호의를 품고 있던 사이퍼에게 괴롭힘을 당한다. 〈해리포터〉에서 해리는 슬리데린 기숙사의 말포이와 무리로부터 적대시되어 괴롭힘을 당한다.

이처럼 실제로 행동하고 변하기 시작해도 주변 사람들의 반발을 사거나 새로운 세계에서 괴롭힘을 당하게 된다. 그동안 신뢰했던 친구에게 저지를 당하거나 회사 동료들이 새로운 도전을 반대하는 등 행동하려는 순간 강렬한 불안이 엄습한다. 게다가 주변의 믿고 있던 사람에게 이런 말들을 듣기도 한다.

"쟤 변한 것 같아."
"요즘 좀 상태가 이상해."
"옛날에는 좋은 놈이었는데…."

하지만 사실 이런 말을 듣게 되는 지금부터가 큰 기회다. 이런 말은 당신이 변하기 시작했다는 증거다. 그런데도 많은 사람이 여기까지 와서 그만두는 것이다.

말의 힘을 높이면 꿈이 이루어진다!

장애는
새로운 스테이지의 초대장

　잘되기 시작하면 반드시 문제에 부딪힌다. 하지만 계획할 때 우리는 시나리오가 순조롭게 예정된 것처럼 만들어버린다. 그러나 문제가 일어나지 않을 계획은 거의 존재하지 않는다. 이대로 잘될 것으로 생각하면서 진행하니, 중간에 발생하는 문제로 인해 당황하게 된다. 나는 몇 번이나 이 문제에 부딪혔다.

　나에게는 이런 장애가 발생했다. 나는 내가 꿈꾸던 이상적인 직장에서 일하기 시작하면서 "고맙다"라는 말을 항상 하기 시작했다. 그러나 3개월 후에 "와타나베 씨의 고마움은 마음이 담겨 있지 않네요"라는 말을 듣게 되었다. 많은 괴롭힘도 당했다.

　근데 이 말을 한 사람이 그 후로 어떻게 되었는지, 어디로 갔는지 알 수 없다. 바로 그런 것이다. 새로운 것을 시작할 때는 비판은 당연히 따라오는 것이다. 비판받아도 괜찮다. 장애물에 막혀도 괜찮다. 비판이나 장애는 새로운 도전에 '반드시'라고 해도 될 만큼 존재하기 마련이다.

　뭔가를 실천하고 꿈을 이루는 사람일수록 지금 서 있는 곳에서 호평받지 못하는 법이다. 전 세계 24억 명의 신자가 있는 기독교 역시 예수 그리스도가 가르침을 전파했을 때 받아들이지 않은 지역이 있었다. 바로 예수의 고향이다. 숱한 기적을 일으킨 예수조차도 자신의 출생지인 고향에서만 받아들여지지 못했다.

왜 당신이 새로운 도전을 하면 방해나 장애물이 생길까? 동료뿐만 아니라 소중한 사람이나 신뢰하고 있던 사람의 반대가 있었는가?

이러한 질문의 한 가지 답은 당신은 그들에게 소중한 존재이기 때문이다. 반대하는 사람들은 당신이 현재 상태로 있기를 바란다. 사람들은 알 수 없는 것을 두려워한다. 그 사람이 크게 변해버리는 것을 무서워한다. 자신에게 소중한 사람이 전혀 다른 세계로 가버리는 것이 두려워서 막으려고 하는 것이다. 그 비판의 화살은 당신을 새로운 세계나 도전으로 이끄는 멘토나 대상에게 향할지도 모른다.

하지만 이 장애는 당신을 방해하고 있는 것이 아니라 당신을 새로운 무대로 데려가준다. 그렇기 때문에 발생하는 것이다.

'이 장애를 감사하다고 생각할 것인가, 아니면 비판받고 여기서 끝낼 것인가' 하는 것은 당신의 자유다.

말의 힘을 높이면 꿈이 이루어진다!

끌어당김의 법칙은
상황을 악화시킨다?

꿈을 이루는 방법으로 끌어당김의 법칙은 유명하다. 하지만 끌어당김의 법칙은 오히려 인생이 나쁘게 한다는 말이 있다. 그 증거로서 뉴욕대학교에서 심리학을 가르치고 있는 가브리엘 외팅겐(Gabriele Oettingen) 교수의 연구가 있다. 외팅겐 교수에 의하면 '꿈을 그저 안고만 있는 상태라면 오히려 인생이 나빠진다'라는 것이다.

대체 무슨 말일까? 많은 사람은 자신의 꿈에만 눈이 간다. 꿈이 이루어지면 기쁘다. 하지만 사람은 꿈을 꾸는 사이 실행에 필요한 에너지를 잃게 된다. 더욱이 꿈과 동시에 장애를 생각하는 사람도 있다.

'파리에 가고 싶다'라는 사람의 마음속에서는 '휴가는 어떻게 하지, 돈도 많이 들 것 같아.'

'다이어트하고 싶다'라는 사람의 마음속에서는 '참는 것은 진짜 못하겠어. 스트레스 쌓일 것 같아.'

'결혼하고 싶다'라는 사람의 마음속에서는 '혼자인 게 편해. 내 시간이 없어질 것 같아.'

이처럼 마음속에서 반사적으로 부정적인 혼잣말을 하게 된다.

그렇기에 꿈보다도 마음속에서 반사적으로 반복되고 있는 것이 실현되는 것이다.

여행을 하고 싶다고 생각해도 일이 바빠지거나 다른 데에 비용이 나가게 된다. 다이어트를 하고 있는데도 스트레스가 쌓여 오히려 더 살이 찐다. 결혼하고 싶다고 생각하지만, 점점 더 혼자인 시간이 늘어난다. 외팅겐 교수가 행한 실험에서도 많은 사람들이 오히려 나빠졌다고 한다.

그럼 어떻게 하면 좋을까? 대부분의 문제는 '만약 X라고 하는 문제가 발생하면 Y하자'라는 것으로 해결할 수 있다. 그럼, 여기에서 문제에 접근해보자.

매니지먼트의 아버지, 피터 F 드러커(Peter Ferdinand Drucker)는 문제는 크게 나누어 4가지 종류가 있다고 이야기한다.

드러커가 제창한 4가지 문제

1. 기본적인 문제의 징후일 뿐인 문제
2. 기본적, 일반적인 문제
3. 예외적, 특수한 문제
4. 뭔가 새로운 종류의 문제

첫 번째의 '기본적인 문제의 징후일 뿐인 문제'는 업무의 대부분에서 일어나는 문제다. 예를 들어, 꿈을 이루려고 하지만, 시간적 여유가 없다. 그 꿈에 관해서 찾아보다가 검색해서 구체화하면 좋을 텐데, 그럴 시간이 전혀 없는, 이러한 전반적인 일에 관한 문제다.

말의 힘을 높이면 꿈이 이루어진다!

두 번째의 '기본적, 일반적인 문제'는 뭔가 행할 때, 항상 일어나는 문제다. 하고 싶은 것을 하려고 하면 반드시 아내나 남편, 가족, 상사 등이 반대한다. 또한, 자신에게 있어서는 새로워도 업계나 그 분야에서는 일반적으로 일어나는 문제다.

세 번째의 '예외적, 특수한 문제'는 굉장히 수가 적은 한정된 문제다. 마지막으로, 아직 아무도 만난 적이 없는 새로운 종류의 문제다.

세 번째나 네 번째의 문제에 대해서는 예외나 새로운 문제이기에 준비할 방도가 별로 없고, 만약 그 문제가 발생해도 그 장소에서 해결할 수 없을 것이다. 하지만 첫 번째나 두 번째에 대해서는 해결 방법을 사전에 마련할 수 있다. 이것에 접근해보자고 드러커는 말한다.

상투적인 악순환은 '만약 X라는 문제가 생기면 Y하자'로 해결한다!

가브리엘 외팅겐 교수도 같은 사실을 발견했다. 확실히 끌어당김의 법칙은 그대로 있으면 오히려 인생을 악화시킨다. 그러한 악화의 원인은 꿈을 꾸는 동시에 문제를 상상하고 방치하고 있기 때문이다.

외팅겐 교수의 남편인 피터 골위처(Peter Gollwitzer)와 공동연구자인 베로니카 브랜드스태터(Veronika Brandstätter)는 '단, 목표를 달성하겠다고 굳게 마음먹으면 그 목표를 실현할 계획을 세우는 것이 장애를 극복하는 데 도움이 된다'라는 것을 밝혔다.

즉, 문제를 해결할 수 있는 계획을 세움으로써 나쁜 이미지는 사라지고 개선할 수 있다. 그것도 일시적인 대책을 만드는 것으로 지나치게 장애를 의식할 일이 없다는 것이다. 또한, 무의식적으로 이미 대책이 마련되어 있다는 점에서 장애에 관심을 두지 않게 되는 것이다.

그래서 문제를 상상할 수 있다면 그 문제에 대해 사전에 대책을 생각해두는 것이 중요하다. 즉, '만약 X라는 문제가 생기면 Y하자'다. 우리 문제의 대부분은 과거에 일어났던 문제와 비슷한 느낌으로 일어난다.

어릴 때부터 새로운 것을 하려고 할 때, 부모의 반대에 부딪혔

말의 힘을 높이면 꿈이 이루어진다!

던 사람은 사회인이 되면 상사의 반대에 부딪히게 된다. 그렇기에 '만약 X라는 문제가 생기면 Y하자'라고 상정하는 것으로 어느 정도는 대처할 수 있다.

만약 새로운 일을 하다가 상사가 반대하면 다른 상사에게 제안하자. 만약 하고 싶은 일을 하다가 아내나 남편이 반대하면 다음부터는 비밀로 하자. 이렇게 미리 생각함으로써 사고(思考)로 이어지는 문제의 거대화를 막을 수 있다. 그것이 일시적 해결책일지라도 말이다.

또한, 이 'X라면, Y하자'라는, 여러 가지 비즈니스 과제도 해결할 수 있게 한다. 마케팅 세계에 챌린저 브랜드의 개념을 가져온 컨설팅 회사 eatbigfish의 설립자 아담 모건(Adam Morgan)은 저서《역전을 만들어내는 법(마크 바덴(Mark Barden)과의 공저)》에서 역경이 가져올 돌파구를 과학적으로 분석해 다음의 9가지 사고법을 전개하고 있다.

모건이 제창한 역경에서 벗어날 수 있는 9가지 사고방식

1. 그것을 X라고 생각하면 Y할 수 있다.
2. 다른 사람들이 X를 받으면 Y할 수 있다.
3. A를 제거하고 B할 수 있게 하면 Y할 수 있다.
4. X의 지식에 접근할 수 있다면 Y할 수 있다.
5. X를 도입하면 Y할 수 있다.
6. A를 B 대신하면 Y할 수 있다.
7. X로부터 자금을 조달하면 Y할 수 있다.
8. X를 혼합하면 Y할 수 있다.
9. X에게 자원을 구하면 Y할 수 있다.

비즈니스 세계에서는 다양한 역경에서 새로운 것이 탄생한다.

- 5유로에 팔아 이익을 얻을 수 있으면서 뛰어난 디자인의 튼튼한 테이블을 만들려면? – **이케아**
- 광고로 보이지 않는 광고를 해서 신발을 고르려면? – **나이키**
- 빠르지 않은 차로 경주에서 우승하려면? – **아우디**
- 세척력이 강하지 않은 세제로 고객을 만족시키고 재구매하게 하려면? – **유니레버**
- 세계 최초의 비디오 게임 … 적은 데이터 양으로 슈퍼 마리오를 표현하려면? – **닌텐도**
- 돈을 들이지 않고 아프리카 어린이들에게 약을 전달하려면? – **코카콜라**
- 비행노선 4개를 비행기 3대로 운영하려면? – **사우스웨스트항공**
- 피팅할 수 없는 인터넷 쇼핑몰에서 신발을 사려면? – **자포스**

역경과 장애가 있기에 새로운 개념이나 생각지도 못한 아이디어가 생기기 마련이다. 미래를 생각했다면 현실을 보고 대책을 마련하자.

말의 힘을 높이면 꿈이 이루어진다!

꿈이 이루어질까, 이루어지지 않을까는 '감정'이 가르쳐준다

또 하나의 장애가 되는 것은, 바로 감정이다. 많은 사람이 큰 기회일수록 두려움을 느낀다. 예를 들어, "당신의 연봉은 어느 정도인가? 그 연봉의 10배 보수를 주겠다"라는 말을 듣게 된다면 어떨 것 같은가? 무의식중에 두려워질 것이다. 이상한 억측을 하게 될지도 모른다. 이것은 '두려움'이라는 감정이다. 그 외에도 여러 가지 감정이 가로막고 있어 움직일 수 없게 되는 일이 많다.

감정은 당신과 당신의 잠재의식과의 관계를 보여준다. 우리가 의식하면 표면의식이 된다. 반면 의식해서 사용할 수 없는 부분이 잠재의식이다. 흔히, 표면의식의 정보 처리량은 초당 40비트, 잠재의식의 속도는 1,000만 비트라고도 한다. 즉, 잠재의식의 힘을 조금이라도 활용할 수 있다면 약 2만 배 빨라지기에 활용하고 싶다는 사람이 많을 것이다.

감정은 잠재의식에서 나오는 신호다. 앞으로 당신이 알고 싶은 것이나, 아니면 알아야 할 것을 알려준다. 당신 안에 숨겨둔 재능과 에너지를 끌어당기는 것도 이 감정이다. 게다가 감정은 잠재의식과의 공명 상태를 보여준다. 당신의 설렘이 정말 하고 싶은 것과 일치한다면 좋은 감정이 생긴다. 일치하지 않으면 싫은 감정이 생겨 이를 알려준다.

감정이 강할 때, 기분이 좋든, 나쁘든 꿈은 강력해진다. 감정이 약할 때 꿈은 그다지 강하지 않다. 강약을 막론하고 기분이 좋아지는 감정이라면, 당신은 욕망 실현을 허락한다. 강약을 불문하고 기분이 나빠지는 감정이라면 실현을 원하지 않는다.

이 감정이 끌어당겨야 할 것을 결정한다. 감정의 정도에 따라 파동의 주파수가 정해져 있다. 감정은 주파수의 음색이다. 당신이 내뿜는 주파수를 보여주는 것이기 때문에 당신이 좋은 감정을 품으면 결과는 좋아질 것이다.

말의 힘을 높이면 꿈이 이루어진다!

돌파 방법은 '감정의 스케일'을 높이는 것이다

꿈을 이루기 위해서는 감정이 매우 중요하다는 것을 알았다.

E(Emotion) : 달성했을 때의 감정을 맛본다.

이미 잊고 있겠지만 MUSE 법칙의 E는 이것이다. 감정을 맛보는 것이 당신 말의 힘을 높인다.

끌어당김 법칙이 붐을 일으킨 계기가 된 《더 시크릿》. 이 책에 등장하는 에스더 & 제리 힉스(Esther and Jerry Hicks)는 저서 《감정 연습》에서 감정의 스케일에 대해 이야기하고 있다. 그 감정의 스케일에는 22개가 있다. 감정 스케일은 당신 감정의 현재 지점을 알려준다.

122페이지의 표를 보길 바란다. 감정 스케일의 최하층 감정은 두려움과 슬픔, 우울이다. 최상층은 감사와 사랑, 기쁨이다. 1~5의 범위에 감정이 있을 때 말의 힘은 더 강해진다. 감정은 뭔가를 전달하기 위해 일어나고 있다. 그때 생기는 감정은 어떤 현상으로 일어난 것뿐이다. 하지만 사람은 사랑이나 기쁨, 자유를 원하면서도 현실은 그렇지 않을 수 있다. 분노, 슬픔, 걱정, 낙담, 절망 등 각종 부정적인 감정에 현혹된다.

나도 종종 마음에 여유가 없을 때는 발생하는 현상에 말려들

1	**기쁨, 깨달음, 자유, 사랑, 감사**
2	**정열**
3	**열의, 의욕, 행복**
4	**긍정적인 자세, 신념**
5	**낙관적인 자세**
6	희망
7	만족
8	지루함
9	비관적인 자세
10	불만, 초조
11	타격을 받은 상태
12	실망
13	의심
14	걱정
15	비난
16	낙담
17	분노
18	경계심
19	혐오, 분노
20	질투
21	불안, 죄책감, 자신감 상실
22	두려움, 슬픔, 우울, 절망, 무력감

어 가버린다. 그리고 어쩔 수 없는 불안에 짓눌리게 된다. 어둠 같은 곳, 고독 속에 머물면서 말이다.

하지만 '그 현상에서 자신이 어떤 감정을 원하는가?' 이것을 깨닫는 것이 중요하다. 지금 당신이 어떤 감정 상태인지 현시점에서 깨닫는 것으로 당신은 원하는 감정을 선택할 수 있게 된다.

말의 힘을 높이면 꿈이 이루어진다!

자신의 능력을 최대한 발휘하려면 '두려움'과 마주해야 한다

그럼 지금부터 내적 장애에 관해서 이야기하려고 한다. 장애에는 외적인 것과 내적인 것이 있는데, 내적인 장애는 당신 마음의 갈등이다. 주의력결핍 과잉행동장애(ADHD) 연구로 저명한 하버드대학교 의대 정신의학 부교수인 폴 해머니스(Paul Hammerness)는 '감정과 사고의 균형을 조절하는 것이 자신의 능력을 최대한 발휘하는 방법'이라고 말한다. 앞서 소개한 감정의 스케일에서 감정의 현재 지점을 확인하는 것과 당신 속에서 일어나는 감정의 움직임을 아는 것은 이 균형을 맞추는 데 도움이 된다.

감정 스케일의 최하층은 두려움이다. 우리는 어른이 되면서 새로운 것에 도전해나가는 것이 점점 어려워진다. 뭔가를 실현하려고 하거나 새로운 것을 행하는 것은 무서운 일이다.

'실패하면 어떡하지', '약한 입장이 되면 어떡하지', '다른 사람에게 상처받으면 어떡하지' … 어떡해, 어떡해, 어떡해 하며 걱정하는 상태가 된다. 뭔가를 할 때는 이러한 공포의 감정이 보였다, 안 보였다 한다.

예를 들어, 뭔가를 갖고 싶다는 생각이 들어도 망설여지는 경우가 있다. 거절의 공포인 것이다. 뭘 하려고 하다가 '거절당하면 어떡하지?'라고 생각하거나 원하는 것을 요구하면 '다른 사람에게 바보 취급받을까 봐 두렵다', '미움받을까 봐 두렵다'라고 생각하게 된다. 그냥 자기가 좋아하는 것을 말한 것인데, 그것을 바보 취급할까 봐 걱정되는 것이다.

몇 번 도전하다가 타격을 받게 되면 겁쟁이가 된다. 그렇게 차츰 보이지 않는 사슬에 걸려 움직일 수 없게 된다. 사실은 '이렇게 하고 싶어', '저렇게 하고 싶어'라고 생각해도 무서운 만큼 움직일 수 없게 된다. 누군가에게 도움을 요청하려고 해도 '만약 거절당하면 어쩌지…' 하는 마음이 들어 역시 움직일 수 없다.

하지만 이런 두려움은 있어도 좋다고 생각한다. 일상에 쫓기다 보면 이런 감정에 직면한다. 스트레스가 쌓이면 작은 동요에도 빠져나올 수 없게 된다. 일어날지도 모르는 일에 대한 우려나 걱정으로 인한 불안, 비탄, 분노, 초조, 적의와 같은 감정은 존재해도 된다. 당신 안에 일어나고 있는 감정을 받아들이고 맛봄으로써 사고와 감정의 균형을 맞출 수 있다.

뭔가를 할 때는 처음뿐만 아니라 언제나 공평하다. 과거에 성공했다고 해서 다음에도 성공한다고는 할 수 없다. 다만 과거에 잘되었던 방법만 남을 뿐이다. 지금 이제부터 행한다고 한다면, 그것은 언제라도 마찬가지다. 제로부터 시작인 것이다. 감정은 언제든지 당신이 선택할 수 있다.

말의 힘을 높이면 꿈이 이루어진다!

마이너스를 벗어나지 못하는 '패배의 입버릇'을 바꾸는 방법

장애가 발생하리라는 것을 예상할 수 있었다. 대책도 생각했다. 그런데도 막상 움직이다 보면 장애에 빠져 헤어 나오지 못할 수 있다. 장애에 빠져 있을 때는 입버릇이 이미 패배의 입버릇이 되어 있다.

'할 수 없다', '방해받고 있다', '잘 안된다', '불안', '두려움', '복수당한다', '사랑받지 못한다', '미움받고 있다', '의욕이 없다', '멍하다', '피곤하다', '죄책감을 느낀다', '기대에 부응하지 못한다', '자신이 없다', '평가받지 못하고 있다', '죽고 싶다', '이제 안 된다', '의존에서 벗어날 수 없다', '마음이 너덜너덜하다', '희생당하고 있다', '해고될 것이다', '자립할 수 없다', '집착하고 있다', '불행하다', '통제되고 있다', '싸우고 있다.'

이런 대사를 뱉었다면 당신은 장애의 구덩이에 빠져 있는 것이다. 조직 안에서 이런 말을 들을 것 같으면, 어떤 수단을 동원해서라도 당장 그 조직에서 빠져나가는 게 좋다. 이런 말을 하다 보면 자연스럽게 그런 현실이 온다. 부정적인 말이 부정적인 현실을 만들어내고 있다. 만약 그런 상황에 빠져 있다면 즉각 행동에 나서야 한다.

입버릇을 '얻고 싶은 감정'으로 만드는 것만으로도 힘이 솟는다.

감사의 감정을 고른다면, '고마워', '감사합니다'를 입버릇으로 하자.

사랑의 감정을 고른다면, '사랑해', '좋아해'를 입버릇으로 하자.

열정의 감정을 고른다면, '설렘'을 입버릇으로 하자.

행복의 감정을 고른다면, '행복', '해피'를 입버릇으로 하자.

낙관적인 감정을 고른다면, '잘될 거야', '좋아질 거야'를 입버릇으로 하자.

만족의 감정을 고른다면, '나는 채워져 있다', '나는 보호받고 있다'를 입버릇으로 하자.

감정은 입버릇으로 먼저 고를 수 있다. 입버릇을 바꿔 조건반사적으로 나오도록 해보자.

말의 힘을 높이면 꿈이 이루어진다!

자신에게 하는 말이 성공을 부른다

꿈을 이루지 못하는 사람은 장애물에 부딪혔을 때 "나는 할 수 없어", "나는 이것에 적합하지 않아", "예전부터 서툴렀어"라고 말한다. 자신의 상황을 본인의 능력과 연결시켜버리는 것이다. 이미 알고 있겠지만, 이런 말을 반복하는 것은 좋지 않다.

사람은 자꾸 장애에 빠지면 점차 무기력해진다. '나는 안되는 인간'이라고 포기를 정당화하고, 그 운명을 받아들이게 된다. 반대로 꿈을 이룰 수 있는 사람은 모든 실패는 '우연'이라고 생각하고 도전을 계속해나간다

'이것은 계속해야 한다', '약간의 요령을 알면 괜찮다'라고 자신에게 말을 건다. 이 말을 거는 것이 중요하다. 이런 말을 자신에게 하는 사람에게는 2가지 결말 중 하나가 찾아온다.

첫째, 엄청난 망상, 환상으로 끝난다.
둘째, 남다른 성공을 거둔다.

그러므로 뭔가 나쁜 일이 생기면 이렇게 생각하자.

• 나쁜 일은 단기간에 사라지는 일시적인 것이다.
• 나쁜 일은, 우연이며, 특이한 원인에 의한 것이다.

• 나쁜 일은 자신 이외의 요인도 포함해서 일어난다.

숫자를 세다 보면 언젠가는 적중할 때도 있다. 나는 이를 '수의 게임'이라고 한다. 예를 들어, 나는 이 '수의 게임'을 전화 영업을 통해 경험했다. 벤처 영업을 할 무렵, 당시 사장으로부터 전혀 영업이 안 되는 명단을 넘겨받았다. 그 리스트는 무서울 정도로 전혀 계약으로 이어지지 않았다. 100번 전화로 영업해도 안 되었다. 200회, 300회 하면서 마음이 무너질 뻔했지만, 408회째에 드디어 계약에 성공했다. 아무리 안 되는 리스트라도 408회를 하다 보면 적중한다는 것을 알았다.

이 '언젠가'를 알면 안심이다. 왜냐하면 한 번, 두 번 안 되더라도 408회까지 전화 영업을 하면 한 건은 꼭 계약을 딸 수 있는 셈이다. 이 경험을 통해 나는 그 이후로 약속을 한 건도 잡지 못하는 일이 없어졌다. 408번 전화를 걸면 확실히 잡히는 것이라고 생각했기 때문이다.

이 경험은 성공법칙과 비슷하다. 많은 사람이 도전하지만 성공하기 전에 포기한다. 하지만 포기하면 당연히 성공은 오지 않는다.

말의 힘을 높이면 꿈이 이루어진다!

힘들수록 확실하게
할 수 있는 일을 하는 '물의 법칙'

'수의 게임'에서 계속 이어 나가는 것이 중요하다는 것을 깨달았을 것이다. 이것은 자연계에서도 그렇다.

'물의 법칙'이라는 흔한 비유가 있다. 만약 당신이 액체 상태인 물의 상태를 변화시키기 위해서는 어떻게 해야 할까? 답은 간단하다. 그렇다. 온도를 바꿔 고체나 기체로 만드는 것이다. 물의 온도를 낮춰 섭씨 0도 이하가 되면 물은 고체인 얼음이 된다. 온도를 높여 섭씨 100도를 넘으면 물은 기체인 수증기가 된다.

이 자연계의 법칙은 '꿈의 실현'에도 해당된다. 뭔가가 변하는 순간이라는 것은 이 물의 온도를 100도로 만들어가는 것과 비슷하다.

많은 사람은 지금 상태, 일상에 불만을 품고 있다.

진짜 나는 아니야. 지금의 나는 진정한 내가 아니라고 생각해. 그리고 뭔가를 배우고 새로운 대처를 한다.

새로운 대처를 계속해서 온도를 높인다. 15도 정도였던 일상이 점점 온도가 올라 75도를 넘어서기 시작한다. 점점 힘들어진다. 그것은 당연하다. 평소 15도였던 것이 60도나 올랐으니 느낌이 전혀 다를 것이다.

"괴로워. 힘들어" 불만스러운 말을 계속하다가 이 상태가 계속 이어질 것 같다는 생각에 그만두게 된다. 1도씩 올리는 행동을 이어가다가 앞으로 25도만 올리면 수증기 상태로 바뀌는데, 그것을 알지 못해서 포기해버린다.

그리고 온도 올리는 것을 그만두고 다음에는 다른 것으로 도전한다. 물의 상태에서 알코올 상태로 바꾸고 처음부터 다시 시작한다. 그래도 결과는 똑같다. 기체가 되는 온도까지 계속할 수 없기 때문에 도중에 포기하고 마는 것의 반복이다.

당신도 지금 그런 상태가 된 것은 아닐까? 힘들 때는 매일 1도씩 올리려고 노력하자. 1도씩 올리는 방법은 간단하다. 말의 힘을 높이기 위해 긍정적인 말, 얻고 싶은 감정의 말을 반복하는 행동을 하자.

그리고 꿈을 이루기 위해 그 행동을 꾸준히 하자.

말의 힘을 높이면 꿈이 이루어진다!

작은 달성만으로
뇌의 인지기능은 정상이 된다

뭔가 새로운 것에 도전하고 싶지만 좀처럼 잘되지 않아 좌절해버리는 경우가 있다. 잘되지 않으면 바로 새로운 일에 손을 뺄게 된다. 이러면 안 된다. 하지만 뭔가 잘 안될 때는 모든 게 잘 안되는 것처럼 느껴진다. 그저 단 한 가지 일이 잘 안 풀리고 있을 뿐인데, 모든 게 나빠진 것 같이 느껴진다. 이 상황을 벗어나려면 통제감이 필요하다. 통제감은 누구나 쉽게 할 수 있는 일, 작은 일을 그냥 하는 것만으로도 익힐 수 있다.

예일대학교 의과대학의 에이미 안스튼(Amy Arnsten)에 따르면, 사소한 통제 불능의 스트레스조차 전두전피질의 인지 능력을 급격히 떨어뜨린다고 한다. 뇌의 전두전피질의 기능부전이 일어나는 것은 우리가 통제감을 잃었을 때뿐이다. 우리가 상황을 제어할 수 있는지 여부를 결정하는 것은 다름 아닌 전두전피질이다. 통제감이 비록 사라졌을지라도 우리의 인지기능은 정상적으로 유지된다.

통제감을 가지려면 몇 번이고 간단한 일을 반복해 경험을 쌓는 것이다. 뭔가 하나라도 좋으니까 해내는 것이다. 그것은 아주 작은 것으로도 상관없다.

'매일 밥 짓기', '매일 책 읽기', '매일 블로그 쓰기', '매일 수

첩 쓰기', '매일 팔굽혀펴기 20회 하기', '매일 아침 걷기 운동하
기', '매일 좋아하는 음악 듣기', '아침에 정해진 시간에 일어나
기', '출퇴근 시간에 좋아하는 정해진 음악 듣기', '퇴근하면서
카페에 들러 1시간 자기 시간을 갖기', '점심시간에 혼자 호흡
을 가다듬기'….

또한, 매일 긍정적인 말만 해도 달라진다. '고맙다', '기쁘다',
'즐겁다', '행복하다' 정도로 좋다. 이런 말들을 매일 50회씩 해
보자. 말을 50회 반복하는 것은 어린아이도 할 수 있다. 어린아
이도 할 수 있는 작은 일을 해내는 게 중요하다.

만약 한 가지를 성취했다면 자신에 대해 긍정적인 마음을 가
질 수 있게 된다. 물론 말을 반복하는 것뿐만 아니라 행동도 한
다. 말의 힘을 더 높이고 싶으면 행동을 더해 말을 반복한다. '고
맙습니다'라고 50회 말하면서 걷거나 '즐겁다'라고 말하며 자전
거를 타는 것이다.

어떤 작은 일이든 한 가지라도 성취하는 것, 이것이 긍정적 마
인드를 되찾는 방법이다. 무엇이든 좋다. 작은 것을 '정해서' 실
천하자. 정한 것을 어떤 작은 것이라도 실천함으로써 우리의 일
상에 통제감이 생긴다. 작은 성취를 늘리는 것은 넘을 수 없다
고 생각하는 벽을 뛰어넘는 큰 힘이 된다.

말의 힘을 높이면 꿈이 이루어진다!

일류 스포츠 선수도 실천하는 이기기 위한 말과 포즈

"초레이!(チョレイ!)"

이 말을 들으면 일본의 탁구 선수 하리모토 토모카즈(張本智和)가 떠오를 것이다. 초레이는 별다른 의미가 없지만, 그는 점수를 얻었을 때 큰 소리를 냄으로써 자신감이 생겼다고 한다. 마찬가지로 테니스에서는 '컴 온(come on)' 하고 큰 소리를 낸다. 럭비에서는 승전군단 올블랙스의 전투 의식 '하카(ハカ)'도 마찬가지다.

적극적인 말을 입으로 내뱉음으로써 뇌도 그것에 이끌려 적극적인 생각을 한다. 이 말과 동시에 생각할 수 있는 것이 보디랭귀지다. '컴 온'이라는 목소리와 함께 이기는 포즈를 취하면 뇌는 그 상황이 더욱 긍정적이라고 믿는다.

또한, 미국의 사회심리학자이자 하버드 비즈니스 스쿨의 준교수를 지낸 에이미 커디(Amy Cuddy)는 저서《프레즌스》에서 보디랭귀지의 중요성을 전하고 있다. 이 책의 일본 제목은《'파워 포즈'가 최고의 자신을 만든다》로, 파워 포즈란 우위와 권력을 이끄는 신체 자세를 말한다. 에이미는 이러한 파워 포즈를 2분간 취함으로써 테스토스테론을 높이고 코르티솔을 줄여 위험 욕구를 높이고, 성능을 향상시킬 수 있다고 주장하고 있다.

장애를 예상한 후에도 도저히 장애에서 빠져나갈 수가 없을 때 더욱 이런 말과 동작이 유효하다. 자신이 건강해질 수 있는 말은 어떤 말일지 생각해서 그 말을 뱉으며 포즈를 취해본다. 그래야 장애를 극복할 수 있게 된다.

그저 '아싸', '좋아'라고 소리 내어 승리한 포즈를 취한다. 잘되었을 때, 소리 내어 포즈를 취한다. 누구나 할 수 있는 일을 당연하게, 꾸준히 하는 것이 장애를 극복하는 계기가 된다. 일이 잘 안 풀리고 결과가 나오지 않을 때일수록 잘되는 것, 결과가 나오는 일에 의식이 가버린 것이기 때문에, 그 의식을 다른 쪽으로 향하게 하는 것이 중요하다.

때로 신변의 위험이 느껴지는 장애가 일어나고 있다면 그 자리를 떠나도 좋다. 일시적으로 이탈해도 된다. 말을 하면서 행동하는 것. 생각과 말, 행동이 동시에 이루어짐으로써 당신은 점점 변해갈 것이다.

'고마워 로드'의 법칙

뭔가 잘 안 풀릴 때는, 굉장히 간단한 방법이 효과가 있다. 예를 들어, 내 인생을 바꾼 행동처럼 말이다. 말도 안 되는 방법일 수도 있지만, 내가 행한 것은, 자택에서 가장 가까운 역까지 걸으면서 줄곧 "고마워, 고마워…"라고, 단지 중얼거린 것뿐이다. 지나가는 사람들이 보면 조금 무서울 수도 있다. 하지만 개의치 않고 계속해나갔다.

계기는 제임스 알렌(James Allen)의《원인과 결과의 법칙》과 월러스 D. 워틀스(Wallace D. Wattles)의《부의 시크릿》이다. 이 책들을 읽고 모든 물질은 누군가의 머릿속에서 비롯된다는 것, 그리고 사고가 현실을 만든다면 그 말을 바꾸면 된다는 것을 깨달았다.

과거에 재수해서 겨우 야간학부에 들어가긴 했지만, 나는 줄곧 스스로 자신이 없었다. 그런데 하루, 이틀, 일주일 동안 이 '고마워'를 이어가다 보니 신기하게도 '고마운' 상황으로 변해갔다. 내 주위에 자연스럽게 사람들이 모여들기 시작했다. 수업이 끝난 후 교수님이 말씀하신 내용을 옆에 앉은 아이에게 설명했더니 주변에 많은 사람이 몰려들었다.

나는 자꾸 고맙다는 말을 반복했다. 그러면, 그 사람의 고리는 2명에서 5명, 10명, 20명으로 점점 늘어간다. 그렇게 정신 차려보니 어느새 그 집단이 대학 내에서도 정상급 성적 우수자 커뮤니티가 되었고, 멤버 상당수가 장학금을 받았다. 이 경험이 내커뮤니티 만들기의 큰 성공 체험이 되었다.

내게 자신감이 생겼다. 누군가를 위해 열심히 함으로써 나도 모르는 재능을 깨닫게 된 것이다. 내가 한 일은 그저 등하교 할 때 집에서 가장 가까운 역까지 걸어가면서 "고마워"라고 계속 말한 것뿐이다. 혼자서 그 길을 '고마워 로드(road)'라고 이름 붙여줬다. 나는 멈추지 않고 계속 그것을 이어갔다.

당신은 지금 어떤 상태일까? 인생이 잘 안 풀리거나 하루하루가 자기 뜻대로 잘 안된다면 자신을 생각할 여유조차 없어진다. 만약 당신이 이런 상태라면 당장 중얼거리며 걸어보자. "고마워, 고마워…"라고 말이다.

결과는 행동함으로써 달라진다. 행동은 사고로 만들고, 생각은 말로 만들어진다. 중얼중얼 말하면서 걷는 행동을 동시에 함으로써 결과는 크게 달라진다. 뭔가 장애가 발생한다면 아무것도 생각하지 말고 우선 행동해보는 것이 중요하다. 이것은 '고마워' 한마디로 달라진다.

말의 힘을 높이면 꿈이 이루어진다!

P(Problem & Power) : 장애물과 힘의 등장 장면

새로운 것에 도전하면, 이상하게도 항상 같은 장애물에 부딪힌다. 가족의 반대, 동료의 반대와 같은 외적 장애나 불안, 두려움과 같은 내적 장애가 발생한다.

 새로운 것에 도전했을 때 항상 일어나는 장애란?
장애를 극복하는 계기가 되는 힘은 무엇인가?

 문제가 생겼을 때의 당신 상태는?
문제가 해결되었을 때의 당신 상태는?

 문제가 생겼을 때의 장면을 구체적으로 떠올리자.
문제가 원활하게 해결되고 있는 장면을 구체적으로 떠올려보자.

 당신은 문제가 생기면 어떤 감정이 드는가?
문제를 해결함으로써 얻을 수 있는 감정이란 무엇인가?

꿈을 이룰 수 있는 트레이닝

 당신이 도전했을 때, 항상 어떤 문제가 일어나는가?

 그 문제는 어떻게 일시적으로 대처할 수 있는가? 'X라면 Y하자'로 생각해보자.

 잘 안 풀릴 때 힘이 나는 말은 어떤 말인가?

 힘이 나는 말을 하면서 몇 분 동안 걸어보자.

제**4**장
EMPOWER 법칙 4

POWER
OF
WORDS

새로운 동료와의 만남

POWER
OF
WORDS

최선을 다해 동료를 도우면
꿈이 이루어지는 힘이 세진다

신기하게도 장애에 맞서는 자신의 과제와 마주함으로써 생기는 사람과의 만남이 있다. 영국의 베스트셀러 작가 J.K. 롤링(Joan K. Rowling)의 명작《해리포터》시리즈에서도 마찬가지다. 주인공 해리는 장애에 부딪히고 그 장애를 극복하는 과정에서 진정한 동료를 만난다. 론, 헤르미온느, 시리우스 블랙 등 점점 동료를 늘려나간다.

누군가와 함께 있으면 말의 힘이 세진다. 사람은 여러 사건에서 생겨나는 만남 속에서 자신도 문제를 안고 있으면서 신기하게도 '이 사람을 돕고 싶다'라고 생각되는 사람을 만나 점점 성장하는 법이다. 당신이 진심으로 응원하고 싶거나 도와주고 싶은 사람은 도대체 누구일까? 그 사람은 어떤 외모에 어떤 것을 배우고 어떤 일을 하고 있을까? 구체적으로 떠올릴 수 있다.

뭔가 문제가 생기면 자신은 물론이고 주변에 있는 같은 문제를 안고 있는 사람을 돕자. 최선을 다함으로써 뭔가가 보일 것이다.

과거를 돌이켜 보면 나 역시 그랬다. 도라에몽을 좋아했던 세미나 동료가 있었다. 도라에몽을 굉장히 좋아해서 도라에몽의 성우인 오오야마 노부요(大山のぶ代) 씨를 만나고 싶다는 것이 그의 꿈이었다. 그래서 나와 함께 오오야마 노부요 씨를 만날 전

략을 짰다. 그가 출연하는 이벤트를 체크해서 둘이 함께 찾아갔다. 그때까지 이런 거침없는 도전을 나는 꿈에서조차 해본 적이 없는데도 행동하게 된 것이다. 여러 가지 일이 겹쳐 기적적으로 오오야마 노부요 씨를 만날 수 있었다. 불과 10여 초였지만 투샷도 찍을 수 있었다.

이런 경험을 하게 되자 내 꿈도 이루어질 수 있지 않을까 생각했다. 지금 돌이켜 보면 꿈을 이루는 힘은 누군가를 진심으로 응원할 때 더욱 높아진다. 사람을 끌어들이는 힘은 상대를 응원하는 힘으로 길러지기 때문이다.

책의 출간도 마찬가지였다. 책을 오랫동안 출간하고 싶었기 때문에 만나게 된 비즈니스 파트너도 같은 꿈을 가지고 있었다. 나는 파트너를 온 힘을 다해 응원했다. 척척 이야기가 진행되고 기획이 통과되면서 출간을 할 수 있었다. 그랬더니 나에게도 비슷한 일이 벌어졌다.

나의 멘토인 간다 마사노리 씨는 '퓨처 맵핑'이라는 사고 도구를 개발하고 있다. 그 도구는 일상적인 사고회로에서는 생각할 수 없는 사고가 되어 말도 안 되는 행동계획을 만들 수 있다. 그 마음은 이타심이다.

사람은 누구나 자신만의 사고만으로는 막히게 된다. 본능이 하고 싶어도 이성이 그것을 차단하기 때문이다. '진짜 그것이 맞는 거야?'라고 말이다. 하지만 자신의 소중한 사람이나 응원하는 사람이라면, 자신이 아니기 때문에 본능과 이성이 방해하지 않는다. 응원할 수 있다. 상대방의 일이 잘 풀리면 이번에는 자연스럽게 '나도 그렇게 될 수 있지 않을까?' 하는 생각이 든다. '상대방

말의 힘을 높이면 꿈이 이루어진다!

이 잘된다면, 혹시 나도…?'

  그렇기에 이타심으로 누군가를 온 힘을 다해 응원하는 것이 중요하다. 그러다 보면 본능과 이성이 갖춰진다. 참고로 일본의 경영자 이나모리 가즈오(稻盛和夫) 씨도 저서 《마음》에서 이타심의 중요함을 전하고 있다. 우리는 뭔가를 이루고 싶은 꿈을 가진 순간에 이야기를 발동시킨다. 그 이야기는 감정의 움직임을 통해 주요한 7가지 장면을 거쳐 친한 친구, 멘토, 뮤즈(히로인, 히어로), 라이벌, 최대의 적, 피에로(역할은 나중에 설명한다), 이 주요 인물 6명을 만난다. 6명의 멤버와 함께여서 이루어질 꿈이 있다.

  누군가를 응원하는 것은 당신을 성장시키는 스토리를 가속화시킨다. 응원은 엄청난 힘을 낳는다. 즉, 응원이야말로 당신의 말의 힘을 높이는 비결이다.

인간관계를 풍요롭게 만드는 연습

감사는 인간관계를 풍요롭게 해준다. 고맙다는 한마디는 말의 힘을 높이는 첫걸음이다. 어떤 인간관계든 감사를 통해 풍요로워진다. 여기에서는 풍요로운 인간관계를 위해 말의 힘을 높이는 연습을 해보자.

그리고 이것을 꼭 습관으로 삼았으면 좋겠다. 그렇게 함으로써 당신의 동료가 늘어나고 풍요로운 인간관계가 될 것이다.

먼저 당신이 고마워하는 가까운 사람 3명을 뽑는다. 그것은 아내나 남편, 아이, 부모님, 비즈니스 파트너나 소중한 친구, 누구든 괜찮다. 그 사람의 사진을 준비하자. 스마트폰 화면상에 스마트폰에 저장한 사진이나 페이스북 프로필, 인스타그램 사진도 괜찮다. 사진을 준비한 후, 각각의 사람에게 감사할 수 있는 것을 생각하자. 그 사람들과 함께 있는 장면을 떠올리자.

'그 사람들이 좋아하는 곳은 어디일까?'
'그 사람과 함께 있어서 어떨 때 즐거울까?'

당신 편에 서서 당신을 지지해준 장면이 떠오를지도 모른다. 그리고 이렇게 읊조려본다.

말의 힘을 높이면 꿈이 이루어진다!

"고마워요, 야마카와 씨. 제 새로운 프로젝트를 응원해주셔서
감사합니다."

"항상 고마워요, 엄마. 대학 시절에 저를 응원해주셔서 감사
합니다."

이것은 마음속으로 말하는 것으로도 괜찮지만, 쓰면 더욱 효
과가 있다.

> **당신과 가까운 세 사람에게 감사하는 연습**
> 1. 감사하고 싶은 가까운 3명의 사진을 준비한다.
> 2. 그(그녀)들에게 감사할 수 있는 일을 생각한다.
> 3. 당신이 그(그녀)들과 각각 함께 있는 장면을 떠올린다.
> 4. 다음의 빈칸에 이름을 넣고 외우거나 써보자.
>   '고마워, ○○씨. 당신의 ○○에 대해 감사하고 있습니다.'
>   '고마워, ○○씨. 당신의 ○○에 대해 감사하고 있습니다.'
>   '고마워, ○○씨. 당신의 ○○에 대해 감사하고 있습니다.'

지금 어떤 인간관계에 감사할 수 있게 되면 만남이 가속화된
다. 당신은 어떤 사람에게 감사하고 있는가?

동료가 모이는
'응원의 법칙'

인간관계는 누군가를 응원하거나 힘이 되어줌으로써 넓어진다. 그리고 어려운 사람을 도와줌으로써 운을 끌어당긴다. 그런데 뭔가를 시작하고 싶을 때 "저는 동료가 없어요"라고 하는 사람이 있다.

동료들을 모으는 것은 단순하다. 그것이 다음의 3단계다.

> **동료가 모이는 응원 3단계**
> 1. 자신과 같은 꿈을 가지고 있고, 곤란한 지인을 찾는다.
> 2. 그 사람을 돕기도 하고 응원하기도 한다.
> 3. 응원하다 보면 자연스럽게 누군가에게 전해져 사람이 모여든다.

장애물을 극복했을 때 사람들은 그것이 자신의 힘이었다고 오해한다. 하지만 그 생각은 틀렸다. 그것은 누군가가 당신을 위해 힘을 썼기 때문이다. 누군가가 애써주었기에 성공한 것이다. 그것을 잊어서는 안 된다. 그리고 재능은 자신을 위한 것이 아니라 누군가를 위해 사용할 때 발전할 수 있다. 자신의 성공을 자기만의 힘으로 이루어냈다고 말하는 것이 아니라, 누군가가 도와줬다고 생각하는 사람은 항상 응원받는 법이다. 또 누군가를 마음속으로 응원할 때는 여러 가지 재능이 연마된다.

말의 힘을 높이면 꿈이 이루어진다!

많은 경우, '설레는 것을 하고 싶어'라고 말하지만, 그것은 틀렸다. 사람을 기쁘게 하고 싶다는 마음과 아무런 보상을 바라지 않는 것에서 시작하는 것이 중요하다.

예를 들어, 나는 사실 사진을 프로만큼 잘 찍는다. 솔직히 일반적인 프로보다도 잘 찍는다는 평가를 받고 있다. 하지만 나는 그 실력을 경제적인 목적만으로 사용하지 않는다. 왜냐하면, 누군가에 대한 응원을 통해서 내 재능이 연마되기 때문이다.

진심으로 마음에서부터 우러나와 응원하고 싶은 사람이 있을 때, 무료에 가까운 금액으로 돕는 것도 좋다. 하지만 잊어서는 안 되는 것은 이 방법으로는 반드시 험한 꼴을 당하게 된다는 것이다. 안타깝게도 그 사람은 당신에게 적절한 금액을 지불하지 않을 것이다. 그리고 그것을 청구하게 되면 사이가 틀어질 것이다. 받는 사람은 자신이 받는 것에 대해 그 은혜를 이해하지 못하고 가볍게 생각한다. 잃어버린 후에야 그것이 얼마나 가치가 있었는지 깨닫는 법이다.

그렇기 때문에 당신은 누군가에게 도움을 받고 있다는 것을 잊어서는 안 된다. 당신이 지금 어떤 상태든지 간에 당신은 누군가의 도움으로 살아가고 있다.

'사실은 이렇게 했으면 좋겠다, 저렇게 했으면 좋겠다'라고 생각하고 있을지도 모른다. 그렇다고 하더라도 우리는 도움을 받으며 살아가고 있다. 누군가의 도움을 받고 있다는 것을 늘 기억하자.

당신의 재능을 찾아내는 마법의 질문

내가 가장 좋아하는 만화 중 하나로《RiN》이 있다.《RiN》은 음악 만화로 주목받은《BECK》을 그린 해럴드 사쿠이시(ハロルド作石)의 작품이다. 만화가가 되는 것이 목표인 주인공 후시미가 어느 날 뮤즈를 만나 꿈을 이루어가는 이야기다. 이 만화에서 후시미는 자신이 정말 그리고 싶은 이야기를 그리기 위한 질문에 이렇게 대답하고 있다.

"거동이 불편한 사람이 만약 움직일 수 있다면 얼마나 기쁠까?"

주인공의 누나는 ALS(근위축성측색경화증)라는 점점 몸을 자유롭게 움직일 수 없게 되는 병에 걸렸다. 주인공은 누나를 떠올리고 구체적인 일상의 아픔을 생각하며 만화의 주요 내용을 구상했다.

이 구상은 상당히 강력하다. 사용한 것은 여기에서도 앞에서 이야기한 'X라면, Y하자', 'IF, THEN'이다. 이 방법은 문제 해결을 하는 방법으로도 굉장히 효과가 있다.

'○○한 아픔을 가진 사람이 만약 ○○할 수 있다면 얼마나

말의 힘을 높이면 꿈이 이루어진다!

○○할까!'

이렇게 써보자.

나의 경우, 여러 번 이 질문으로 새로운 제품이나 서비스를 생각해냈다. 내가 이 방법으로 발견해서 현재 추진하고 있는 것을 소개하겠다.

- 1권당 20분 만에 읽을 수 있는 '공명 리딩'
  → 독서를 잘 못 하는 사람이 만약 단 하루의 훈련으로 속독을 할 수 있게 된다면, 얼마나 하루하루가 배움으로 풍요로워질 수 있을까.

- 단 22가지의 질문으로 당신의 재능을 비즈니스화할 수 있는 '자신 창업 학원'
  → 비즈니스 용어를 잘 모르는 사람이 만약 간단한 질문으로 비즈니스 모델을 알게 되고, 자신의 재능을 비즈니스로 만들 수 있다면 얼마나 하루하루가 행복할까.

여기에서도 중요한 것은 응원하고 싶은 사람, 장면, 감정이다. 당신이 응원하고 싶은 사람이 구체적으로 어떻게 되면 긍정적인 감정이 될지 생각해보자.

위대한 업적을 만들어내는
크리에이티브 페어

애플의 공동창업자인 스티브 잡스와 스티브 워즈니악(Steve Wozniak).

20세기 최고의 작곡 듀오인 존 레논(John Lennon)과 폴 매카트니(Paul McCartney).

가장 성공적인 투자 파트너인 워런 버핏(Warren Buffett)과 찰리 멍거(Charles Munger).

소니 창업자인 이부카 마사루(いぶかまさる)와 모리타 아키오(盛田昭夫).

혼다 기연공업(혼다)의 혼다 소이치로(本田宗一郎)와 후지사와 다케오(藤澤武夫).

산토리의 사지 케이조(佐治敬三)와 카이코 다케시(開高健).

크고 장기적인 꿈을 달성할 때 반드시 짝꿍이라고 부를 수 있는 파트너가 존재한다. 모든 분야의 혁신은 서로 자극하고 보완하는 크리에이티브 페어가 만들어왔다. 천재들은 1+1이 무한대가 될 것이라고 느끼는 사람과 짝을 이루어 위업을 이루어왔다.

나는 사이버 에이전트 후지타 스스무(藤田晋) 씨의 《시부야에서 일하는 사장》의 고백을 읽고, 크리에이티브 페어의 중요성을 알게 되었다.

말의 힘을 높이면 꿈이 이루어진다!

학생 벤처를 하면서 비즈니스의 심오함을 느끼고 있었기 때문에 일생에 한 번 있는 '신규 졸업자'가 되어보고자 바로 취업을 했다. 그리고 이왕 취업할 것이라면 비즈니스 파트너를 찾으려고 했다.

함께 성장할 수 있는 것을 즐길 수 있는 상대를 찾고 싶었다. 그때의 이미지는 목소리가 낮아서 영업을 잘하고 함께 성장할 수 있는 인물로, 키는 나와 비슷하거나 조금 작고 몸은 다부진 느낌. 스포츠에서 전국 레벨이고, 포용력이 큰 사람. 몇 군데의 회사에서 면접까지 가고 내정을 받은 사람으로서, 동기들의 얼굴을 쭉 둘러봤을 때 '이 녀석이다!' 싶은 존재가 있었다. 그 후, 우리 둘은 회사의 성장에 크게 기여했고, 그 회사는 도쿄증권 마더스에 상장했다.

지금도 나는 그런 크리에이티브 파트너를 찾고 있다. 나는 공명 리딩이라고 하는 속독을 전 세계 인구의 0.2%의 사람에게 확산시켜, 독서를 싫어하는 사람을 줄이고 독서로 꿈을 이룰 수 있는 사람을 늘린다는 큰 꿈을 가지고 있다. 그 꿈에 공명해주는, 함께해나가고 싶다고 생각되는 파트너 상을 항상 가지고 있다.

당신에게도 최고의 파트너가 존재한다. 혼자 이룰 수 없는 꿈이라면 함께할 수 있는 파트너를 찾자. 당신의 마음에 공명하는 최고의 파트너를 찾자.

인생의 성공 확률을 높이는
6명의 크리에이티브 커뮤니티

크리에이티브 페어라고 썼지만, 그것은 한 사람에 그치지 않는다. 인생에서 소중한 사람이 있다. 성공을 얻기 위해서는 반드시 만나지 않으면 안 되는 중요한 캐릭터가 있다. 그것은 친한 친구, 멘토, 뮤즈, 라이벌, 최대의 적, 피에로, 이 6명이다.

이것은 개인의 경우일 수도 있고, 집단일 수도 있다. 어떤 역할이 특히 더 중요하다고 말할 수 없다. 역할 하나만 빠져도 그 사람의 성공 확률은 낮아진다.

당신은 이 캐릭터에 해당하는 사람 모두와 만났는가? 만약 만나지 못했다면 그 인재를 모집할 필요가 있다. 그럼 이 여섯 캐릭터의 특징을 알아보자.

【친한 친구, 비즈니스 파트너】

고통도, 즐거움도 공유할 수 있는 좋은 친구를 찾자. 당신에게 좋은 영향을 주고 확고한 의지가 있으며, 활력과 상상력이 넘치는 동료다. 전통이나 고정관념에 얽매이지 않고, 때로는 비상식적으로 실천할 수 있는 친구는 비즈니스에 생동감을 준다.

또한, 뛰어난 비즈니스 파트너나 의지할 수 있는 동료와 협력하면 일은 잘 풀린다. 서로 보완할 수 있는 크리에이티브 페어가 될 수 있느냐가 중요하다.

말의 힘을 높이면 꿈이 이루어진다!

최고의 비즈니스 파트너를 만나는 것은 당신의 비즈니스 폭을 넓히고 많은 기회로 이어진다. 비즈니스 파트너를 정할 때는 리액션이 빠르고 서로 인정할 수 있으며 계약을 잘 지키고 금전에 문제가 없어야 한다. 프로페셔널하다는 것도 중요한 요소다. 어쩌면 궁극적으로는 능력보다 중요한 것은 인품일 수 있다. 예를 들어, 취미가 같다거나 상대방이 맛있다고 말한 요리가 진심으로 맛있다고 생각되는 등 비즈니스 이외의 요소가 판단의 결정적인 요소가 된다.

【멘토】

인생을 이끌어주는, 모범이 되는 멘토를 만나는 것은 인생에서 성공할 수 있는 열쇠다. 멘토는 여러 가지 경험을 통해 귀중한 교훈이나 스킬을 얻어왔다. 뛰어난 스승의 가르침을 배우는 것으로 인생은 비약적으로 발전한다.

멘토 선정의 포인트는 앞에서 소개한 것처럼 이미 당신이 목표로 하는 분야를 경험하고 있다는 것이다. 업계에서 1인자, 선구자여야 한다. 뛰어난 멘토는 당신을 긍정적으로 만들고 활력을 준다. 함께 있는 것만으로도 편안하고 자기 신뢰감이 높아진다. 그리고 적당한 긴장감을 주면서 새로운 것에 도전할 수 있다.

【뮤즈, 인생의 파트너】

당신을 현혹시키는 영감의 여신 뮤즈. 당신이 성장함으로써 뮤즈는 인생의 파트너가 된다. 인생의 동반자 선택은 '삶의 방식'으로 결정하는 것이다. 어떤 상대라도 생활과 일상이 기다리고 있다. 흔들리지 않는 마음과 관대함이 필요하다.

대가를 요구하지 않고 지탱해줄 수 있는지, 서로 혼자만의 시간을 가질 수 있는지, 항상 상대를 생각할 수 있는지 등이 인생의 파트너 선택의 포인트가 된다.

【라이벌】

사회에 나가서 매일 함께 일하는 상대는 굉장히 중요하다. 열심히 일하는 동료와 경쟁자와의 경험을 통해 사람은 성장한다. 일에 대한 적극적인 자세, 올바른 업무 습관을 지닐 수 있다. 서로 신뢰할 수 있고 경쟁할 수 있는 경쟁자를 만나는 것이 당신의 재능을 빛나게 한다.

【최대의 적】

당신이 속한 업계에서 보스로 군림하는 존재. 업계에서 '이 사람만 추월할 수 있었으면…' 하는 존재. 진정한 가장 큰 적은 선택하는 것이 아니라 갑자기 등장한다. '이런 수준까지 도달하고 싶다'라는 사람을 떠올리면 좋다.

【피에로】

어딘가 미워할 수 없고 뭔가 그 사람이 있으면 주위가 밝아진다. 어린아이와 같은 마음을 잊지 않은 존재다. 피에로 역시 당신이 선택한다기보다는 인생 이야기를 진행해나가는 가운데 나타난다.

말의 힘을 높이면 꿈이 이루어진다!

가장 최근에 연락한
20명의 평균이 당신 자신이다

　사람은 비슷한 사람들끼리 모인다. 사실, 당신이 가장 최근에 연락한 20명의 평균 연봉이 당신의 연봉인 것이다.

　동기부여, 자기계발로 유명한 짐 론(Jim Rohn)은 '당신과 가장 오랜 시간을 함께 보내는 5명의 평균이 당신'이라는 생각으로 컨설팅을 진행했다. 이 생각을 긍정 심리학의 숀 에이커(Shawn Achor)는 저서《잠재능력을 최고로 끌어내는 법》에서 발전시켰다.

　이러한 생각은 우리가 주변의 사람에게 영향을 받고 있다는 것을 보여준다. 지금까지 나의 경험, 멘토 이야기로 보면 이것은 연봉에도 해당한다.

　이 20명이라는 숫자는 중요하다. 1년 동안 우리가 긴밀하게 연락하는 사람은 평균적으로 20명 정도다. 이 20명이 어떤 사람인지에 따라 당신의 인생이 결정되어버린다. 지금, 당신은 어떤 20명을 소중히 여기고 있는지 이름을 써보자.

1	2
3	4
5	6
7	8
9	10

11	12
13	14
15	16
17	18
19	20

그럼 당신이 꿈을 이룬 미래에서는 어떤 20명을 소중히 여길지 이름을 써보자.

1	2
3	4
5	6
7	8
9	10
11	12
13	14
15	16
17	18
19	20

말의 힘을 높이면 꿈이 이루어진다!

O(Organize) : 새로운 동료와의 만남 장면

장애를 극복하는 과정에서 동료를 만난다.
꿈은 혼자 이루는 것이 아니라 친구들과 함께 이루는 것이다.

 당신의 재능을 지지해주는 팀원이나 구조란?

 당신이 동료를 만나고 있을 때, 당신은 어떤 상태인가?

 동료와 함께 장애를 극복하고
힘을 발휘하고 있는 구체적인 장면은?

 동료들과 어떤 감정을 맛보고 싶은가?

꿈을 이룰 수 있는 트레이닝

 자신 주변의 가까운 사람에게 감사하자.
가까운 사람 3명을 떠올려 감사하자.

 당신이 문제나 장애를 극복할 때
나타나는 동료는 어떤 사람들인가?
구체적으로 말해보자.

 당신이 만나고 싶은 인물은 어떤 사람인가?
용모, 키, 생년월일, 출신지, 직업, 연봉, 취미, 가족관계 등
구체적인 이미지로 말해보자.

 다음을 어포메이션(affirmation)해보자.
'나에게 어울리는 사람이 어울리는 타이밍에 어울리는 방법으로 등장하는
것을 알고 있다.'

제5장
EMPOWER 법칙 5

POWER
OF
WORDS

새로운 재능에
눈뜨다

POWER
OF
WORDS

살바도르 달리의
자신을 높이는 입버릇

"내가 나인 것에 최고의 기쁨을 느낀다."
"오늘 나는 어떤 엉뚱한 일을 해줄까?"

세계적인 화가 살바도르 달리(Salvador Dali)의 말이다. 달리는 매일 아침 눈을 뜨면 '나는 살바도르 달리다'라는 것에 가장 큰 기쁨을 느꼈다고 한다. 그리고 놀랍게도 '오늘은 어떤 엉뚱한 일을 해줄 것인지' 스스로에게 질문했다고 한다.

달리처럼 당신도 매일 아침 눈을 뜰 때마다 최고의 기쁨을 느끼고 있는가? 성공한 사람일수록 달리처럼 자신을 사랑한다. 자신을 높이기 위해 어포메이션(affirmation)을 주창하고 있다. 어포메이션을 반복하다 보면 입버릇이 된다.

입버릇이 자기 자신을 높이는 말이 되면, 신기하게도 현실이 그 말에 호응해나간다.

현실은 어떤 말을 믿느냐에 크게 좌우된다

2018년에 물리계의 거장이 하늘의 부름을 받았다. 그 인물은 스티븐 호킹(Stephen Hawking)이다. 스티븐 호킹은 수많은 서적을 남겼다. 그 공저자로 알려진 레오나르도 믈로디노프(Leonard Mlodinow)는 자신의 저서에서 물리학의 관점에서 뇌과학을 해설해 이 같은 결론을 도출했다.

"자기 자신에 대한 긍정적인 '착각'을 가지는 것이 개인과 사회의 양면에서 이점이 되는 것을 실증한 연구가 다수 있다. 인생의 사건은 물리 현상과 달리 여러 이론 중에서 어느 한 가지만을 따르는 경우가 많고, 실제로 무슨 일이 일어나는가는 어느 이론을 믿느냐에 따라 크게 좌우된다."

영화에서는 자신을 믿음으로써 내면의 힘을 깨닫는다. 〈매트릭스〉에서 주인공 네오는 멘토 모피어스에게 이런 가르침을 받는다.

"빨리 움직이려고 하지 마라. 빠르다는 것을 깨달아라."

또 예언자로부터 "그 의미 알아? 라틴어인데. '너를 알라'라는 뜻이야. 사소한 비밀이지. 구세주가 되는 것은 사랑을 하는

말의 힘을 높이면 꿈이 이루어진다!

것과 같아. 그것은 자신만이 알 수 있지"라는 가르침을 받는다.

우리는 어떤 말을 믿느냐에 따라 현실이 정해진다.

종종 동창회에서, '맨날 주제 파악 못하고 착각만 하던 앤데…'라고 생각했던 사람이 의외로 성공해서 깜짝 놀란 일은 없는가? 그렇다. 착각일지라도 자신에게 일어날 미래를 생생하게 그려내고 그 말을 믿을 수 있다면 그 현실은 찾아오는 법이다.

그러니 당신은 자신이 생각한 미래를 굳게 믿어주자. 그게 제일 빠른 길이다.

찰나의 순간에 셀프 이미지를 높이는 '직함'을 만들자

당신이 되고 싶은 자신이 확실하게 되는 방법이 있다. 그것이 당신의 미래 직함과 프로필이다. 그것을 마치 지금의 현실인 것처럼 먼저 만들어버리는 것이다. 그것을 믿으면 그 현실은 실제로 일어나게 된다.

자신에게 자신감이 없는 사람이 많다. 나 역시 그랬다. 솔직히 계속 자신이 없었다. 이래 봬도 사업을 시작하고 여러 차례 성공적으로 이끌어왔다. 클라이언트의 이익도 2% 상승시키고, 그중에는 1년 만에 6배나 매출을 올린 기업도 있다. 그러나 자신감이 좀처럼 생기지 않았다. 그래서 나는 다음과 같이 직함을 바꾸었다.

'비즈니스 모델 컨설턴트.' 이 직함을 가진 순간, 내 안에 허가가 떨어졌다. '비즈니스 모델 컨설턴트'에는 내 안에서 '경영 컨설턴트'로서 넘버원에 도달하지는 않지만, '비즈니스 모델에 특화되어 있어 각각의 경영 요소로 판단해 거기에서 새로운 비즈니스 모델을 창출해낸다'라는 이미지가 있다.

이 직함을 만든 이후 내 이미지가 올라갔다. 새로운 비즈니스 모델을 잇달아 만들어 매출이 증가했다. 거기에 더해 마케팅 퍼실리테이터라는 직함을 만들어냈다. 그러자 이번에는 디지털 마케팅 수법이 점점 늘었다. 단 1년 만에 어떤 곳에서는 2배, 또

말의 힘을 높이면 꿈이 이루어진다!

어떤 곳에서는 6배로 실적이 늘었다.

직함은 신기하다. 그냥 직함을 만드는 것만으로도 그 자신이 될 수 있을 것 같다. 되고 싶은 자신이 되려면 직함을 생각만 하면 된다.

당신도 바로 해보자. 직함은 '전문 분야·카테고리'+'사람의 이미지를 나타내는 말'+'어떤 사람인가를 나타내는 말'로 만들 수 있다. 예를 들어, 당신이 영업 분야에서 활약하고 싶다고 해보자. 전문 분야는 '세일즈', 어떤 사람인가를 나타내는 말로 '퍼실리테이터'를 넣어 직함은 '세일즈 퍼실리테이터'가 된다. 이밖에도 문구라면 문구 컨설턴트, 카페라면 카페 컨설턴트로 다양하게 만들어낼 수 있다.

다음에 몇 가지 예를 들었으니 아이디어를 넓히는 데 참고하기 바란다. 선택 키워드는 과거에 가장 잘했던 것이나 돈, 시간 혹은 둘 다 사용할 만큼 좋아하는 것이 좋다. 그리고 사람의 이미지를 나타내는 말을 고른다. 이것은 기분이나 크기다. 앞에 붙인 전문 분야의 말과 합쳐서 소리 내어 보고 어감이 좋은 단어로 한다.

◎ 앞에 쓸 수 있는 직함(카테고리)

【분야】 비즈니스, 세일즈, 비즈니스 모델, 마케팅, 라이팅, 프로모션, 플랜, 아트, 프레젠테이션, 토크, 오디오, 뮤직, 라이프, 브레인, 매니지먼트, 클라우드, 로봇, 스피리추얼….

【부문】 영업, 기획, 경영, 회계, 법률, 사업, 기술, IT, 설계, 출판, 홍보, 광고, 전략….

【물건】 수첩, 문구, 노트, 펜, 컴퓨터, 스마트폰, 마우스, 카메라, 비디오, 자동차, 집, 가구, 부동산, 명함, 잡지, 책, 가전….

【체험】여행, 음식, 스포츠, 축구, 야구, 테니스, 마라톤, 달리기, 운전, 등산, 파티, 이벤트, 정리, 수납, 계획, 학습, 연구, 독서, 기억, 그리기, 쓰기, 설계, 진단, 창업, 투자….

【소프트웨어】앱, 게임, 엑셀, 워드, 파워포인트….

【학습】국어, 수학, 사회, 역사, 지리, 어학, 영어, 중국어, 과학, 물리, 화학, 가정학, 수학, 예술, 점성술, 천문, 음양도, 신도,[2] 유학, 불교, 기독교, 이슬람교, 음악, 뇌과학, 경제, 정치 경영, 문학, 법학, 공학, 국제, 통계, 양자역학, 심리, 세금, 회계, 의학, 간호, 간병, 요리…

【크기】슈퍼, 하이퍼, 에너제틱, 퀀텀, 스몰, 마이크로, 매크로….

【감정】해피, 두근두근, 감정, 즐거움, 게으름….

◎ 뒤에 사용할 수 있는 직함(어떤 사람인가를 나타냄)

마케터, 컨설턴트, 프로모터, 코디네이터, 프로듀서, 디자이너, 크리에이터, 아티스트, 티처, 애널리스트, 플레이어, 매니저, 소믈리에, 에디터, 리서처, 플래너, 리더, 라이터, 드라이버, 치료사, 테라피스트, 서퍼, 기업가, ○○사, ○○가….

2014년, 영국의 옥스퍼드대학교에서 AI(인공지능) 등을 연구하는 마이클 A 오스본(Michael A. Osborne) 준교수는 공저 논문 〈일자리의 미래〉에서 컴퓨터가 대체할 확률이 높은 일자리를 꼽았다. 그리고 지금 있는 일의 대부분이 없어진다고 하는 것과 동시에 없어지는 일에 주목하는 것이 아니라 앞으로 만들어질 일이나 직업이 중요하다고 했다.

직함을 만드는 것만으로도 당신은 그 분야의 넘버원, 온리원이 될 수 있다. 그리고 당신이 그 직함 분야의 시장을 만들면서 그 직함이 새로운 직업이 되는 것이다.

---

2) 일본 고유의 민족 종교다. - 역자 주.

말의 힘을 높이면 꿈이 이루어진다!

이상형 프로필은
이 법칙을 사용해서 만든다

　직함에 맞춰 당신의 셀프 이미지를 더욱 높일 방법이 있다. 그것은 당신의 이상형 프로필을 먼저 만드는 것이다. 지금 당장일 필요는 없다. 1년, 3년도 괜찮다. 더 시간을 들일 수 있는 사람이라면, 10년을 들여 생각해보자.

　내 프로필은 10년에 걸쳐 만들어온 것이다. 그래서 지금의 나에게 만족한다. 자신의 장래를 생각했을 때, 어떤 프로필을 가지고 있다면, 자신을 더 좋아할 수 있을까?

　뛰어난 프로필에는 어떤 법칙이 있다. 그 프로필이 적혀 있는 순서가 ORIGIN으로 되어 있는 것이다. ORIGIN은 다음과 같다.

O (Only one) : 한 줄 프로필. 어떤 분야의 넘버원인가?

R (Resources) : 과거에 어떤 경험이 있는가?

I (Identity) : 그 분야의 넘버원, 온리원이라는 정통성이 있는가?

G (Give) : 무엇을 하고 있고, 어떤 것을 누구에게 제공해왔는가?(숫자가 있으면 OK)

I (Interest) : 자신의 생각이나 철학이 객관적으로 표현되어 있는가?

N (Now) : 앞으로 어떤 일을 하고 싶은가?

그리고 다음 순서로 쓰면 사람을 모으는 프로필이 된다.

이렇게 나를 높이는 프로필을 만들어서 셀프 이미지를 높이자.

말의 힘을 높이면 꿈이 이루어진다!

긍정적인 말을 사용하는 브레인 업데이트

"나는 날마다 모든 면에서 점점 좋아지고 있다."

이것은 에밀 쿠에(Emile Coué)의 유명한 긍정적인 암시의 말이다. 이것만으로 당신의 매일이 점점 좋아진다면, 당신은 매일 자기 전과 아침에 일어났을 때, 10번 소리 내어 말하지 않을까? 이러한 자기 선언을 '어포메이션(affirmation)'이라고 한다.

자신이 앞으로 이루고 싶은 일, 앞으로 하고자 하는 일을 항상 반복해서 자신에게 일깨움으로써 자동으로 이루어지게 할 수 있다니 놀랍다. 이 기본을 배움으로써 미래에 대한 불안과 두려움이 줄어들고, 성공을 향한 긍정적인 상태를 만들 수 있다.

자신에게 타이른 것이, 뇌에 전해져 뇌 내의 신경 회로의 배선을 바꿔 연결한다. 어포메이션은 당신의 내면 이미지와 사고 패턴을 고쳐서 쓰게 한다. 해외에서는 유명 운동선수나 기업인들이 이 방법을 사용하고 있다. 사실 일본에서도 예로부터 자신을 성장시키기 위해, 그리고 주위 사람들의 행동 의욕을 북돋우기 위해서 사용되어왔다.

'레이와(令和)' 연호의 고안자인 나카니시 스스무(中西進) 명예교수의 《노래하는 천황(うたう天皇)》에 의하면, 제일 중요한 것으로, 와카(和歌)는 신탁이라고 한다. 예로부터 일본에서는 와

카는 신과 인간을 연결하는 말로, 신성한 형식에 의해 뜻을 굳힌 것이 와카 모음이다. 즉, 《만엽집》이나 《고금와카집》, 《신고금와카집》에서 천황을 중심으로 한 평화로운 정치 실현을 목표로 했다.

이후 나는 이런 말의 힘의 비밀은 시대의 권력자에게 전달되었다고 생각한다. 예를 들어, 전국시대의 무장인 우에스기 겐신(上杉謙信)은 자신이 비사문천(毘沙門天)[3]의 환생이라고 믿고 독경을 계속했다. 그렇게 전쟁터에서는 압도적인 강함을 자랑했다.

또한, 오다 노부나가(織田信長)는 명운을 건 오케하자마 전투(桶狹間の戰い)에 앞서 "인간 50년, 하천(下天)[4]의 하루와 비교하면 몽환과 같구나. 한 번 태어나 죽지 않을 자 누구인가"라고 행약무(幸若舞)의 '아츠모리'[5] 한 구절을 춤추고, 선 채로 유즈케(湯漬け)[6]를 먹고 갑옷과 투구를 차고 싸움터에 나가 멋지게 승리했다. 그 밖에도 사례는 많다.

이처럼 우리는 말의 힘을 알고 있다. 일본 자본주의의 아버지로 불리는 시부사와 에이이치(渋沢 栄一)도 저서 《논어와 주판》의 첫머리에서 말의 중요성을 말하고 있다.

세계적으로도 말의 힘은 줄곧 사용되어왔다. 어포메이션은 효

---

3) 불교에서 부처님의 가르침을 수호하는 신의 무리에서 팔부신중(八部神衆)의 신 가운데 하나다. - 역자 주.
4) 불교 용어로, 하늘 중에서도 가장 하층에 있는 사왕천(四王天)이다. - 편집자 주.
5) 행약무는 무사에 관한 노래를 부르며, 부채로 장단을 맞추어 추는 춤이다. 아츠모리는 무사가 인생의 무상함을 깨닫고 불문에 들어간다는 설화에서 유래한 가면 음악극의 하나다. - 편집자 주.
6) 쌀밥에 뜨거운 물을 부어 먹는 것이다. - 역자 주.

말의 힘을 높이면 꿈이 이루어진다!

과적이다. 뇌는 현실과 상상을 구분하지 못하기 때문이다. 어포메이션을 받으면 받을수록 뇌는 점점 그 말을 받아들인다. 뇌의 지령에 따라 당신의 몸은 그 말을 실현시키기 위해 자동으로 움직인다.

어포메이션의 힘을 더욱 발휘시키기 위해서는 자신에게 들려주고 싶은 말을 관리해야 한다. 그 말을 시각화해서 몇 번이고 반복하며 마음속 깊이 파고들게 해야 한다. 이것만으로도 당신이 하는 말은 실현된다.

어포메이션 매니지먼트로
말의 힘을 효과적으로 높인다

사실, 우리는 평소 어포메이션을 사용하고 있다. 나 자신이나 남을 향해 쓰는 '나는', '내가'로 시작하는 문장은 모두 어포메이션이다.

- 나는 제대로 일을 잘하고 있다.
- 나는 사람들 앞에서 말하는 것이 특기다
- 나는 약속 시간을 잘 지킨다.
- 나는 다른 사람에게 상담해주는 것을 좋아한다.
- 나는 구상을 잘한다.

어포메이션은 진실과 신념을 말로 한 것이다. 여기에는 긍정도 부정도 상관없다. 그리고 그것을 상상할 수 있다면 우리의 뇌는 현실로 받아들인다.

어포메이션을 만들 때는 1인칭, 현재형으로 원하는 결과가 이미 실현된 것처럼 쓰는 것이 중요하다. 어포메이션을 만드는 방법도 MUSE 법칙과 다르지 않다. 그리고 이 MUSE 법칙을 바탕으로 말의 힘을 높이는 어포메이션을 만드는 포인트는 3가지가 있다.

말의 힘을 높이면 꿈이 이루어진다!

말의 힘을 높이는 어포메이션 매니지먼트

1. 하나의 어포메이션은 10~15초 정도의 길이로 한다.
2. 말하는 횟수는 3~5회로 한다.
3. 매일의 습관과 연결시킨다.

습관화의 요령은 이미 어떤 습관과 결부시키는 것이다. 아침에 눈을 뜨면서 바로 말해도 좋다. 양치를 하기 전에 해도 좋다. 목욕하고 있을 때도 괜찮다. 아침 출근길에 중얼거려도 된다. 퇴근길도 마찬가지다.

이렇게 몸의 움직임을 동반해서 계속 반복해나간다면 우리의 뇌에 새겨진다. 그렇게 당신의 뇌가 업데이트된다. 어포메이션에서 한 말은 장면과 감정을 만들어내고, 우리의 뇌는 그것을 점점 믿게 된다.

여기에서는 구체적으로 어포메이션의 사례를 소개하려고 한다. 어포메이션에서 중요한 것은 누군가의 사례를 모방하는 것으로 시작해서 자신의 오리지널을 만드는 것이다. 자신의 오리지널은 몇 번 말하는 사이, 자신에게 확 와닿는 것이 좋다. 확 와닿아서 그 말이 자신의 것이라고 믿어지는 것이라면 점점 좋아진다. 이를테면 다음과 같다.

"나는 내가 좋다."

"나는 무조건적으로 나를 사랑한다."

"나는 나날이 점점 좋아지고 있다."

"나는 언제나 모든 사람에게 따뜻한 마음으로 대한다."

"나는 언제나 모든 어포메이션을 통해 긴장을 풀 수 있다."

"하늘은 나를 통해 위대한 일을 하고 있다."

"나는 모든 것을 내가 결정하고 다른 사람의 권리도 인정한다."

"나는 모든 일이 나를 위해 일어나고 있다는 것을 안다."

"나는 편안하다. 나는 안심한다. 나는 안전하다. 나는 나 자신을 사랑하고, 지금의 나를 인정한다."

"나는 있는 그대로의 나를 사랑하고 받아들인다. 나는 괜찮다. 인생은 안전하고 즐겁다."

말의 힘을 높이면 꿈이 이루어진다!

"이 세상은 내 편이고 나를 사랑하고 기르며 지지해준다. 나는 안심하고 살아가고 있다."

다음은 거울을 사용한 활동이다. 거울은 예로부터 마술과 함께 이용되었다. 그것은 유럽뿐만 아니라 일본에서도 마찬가지였다. 일본에서 거울을 이용해서 국가의 미래를 본 히미코(卑弥呼) 이야기는 유명하다.

마찬가지로 거울에 비치는 자신을 보고 어포메이션함으로써 보다 실현하기 쉬워진다. 일상적인 습관화와 함께 다음과 같은 것을 해보자.

실현율이 높아지는 거울을 사용한 활동

1. 거울에 비치는 자신을 볼 때마다 '고마워' 혹은 자신이 든든하다고 느끼는 말을 한다.
2. 1일 1회 이상 거울을 보면서 자기 오리지널 어포메이션을 말한다.
3. 자기 전에 오늘의 좋았던 일이 생각하며 자신에게 '고맙다'라고 말하고 잠에 든다.

앞에서 일본에서도 예로부터 말의 힘을 사용하고 있었다고 이야기했다. 음양도[7]의 세계에서도 말의 힘을 믿어왔다.

말은 '주(呪)'라고도 한다. '呪'라는 글자를 보고 '무섭다'라고 생각할지도 모른다. 하지만 '주'라는 것은 '저주한다'라는 의미 이전에 다른 의미가 있다. 그것은 '빌다'라는 뜻이다. 특히 우리가 태어나서 받는 '이름'은 존재에 대한 '기도'다. 즉, 당신의 이름은 당신의 인생에서 가장 중요한 단어다.

당신의 이름을 어떻게 설명하느냐에 따라 셀프 이미지가 결정된다. 더욱이 말의 힘이 높아진다. 예를 들어, 내 이름인 '야스히로(康弘)'라는 글자를 설명한다고 하자.

A : 건강(健康)의 康에 弓과 厶를 써서 야스히로(康弘)입니다.
B : 이에야스(家康)의 康에 弓과 厶를 써서 야스히로(康弘)입니다. '강(康)'이라는 글자는 고대로부터 안네이 천황 시절, 왕의 이름으로도 사용되어 3대째 왕의 이름으로 쓰였습니다. 홍(弘)은 활처럼 펼쳐진다는 뜻입니다. 그래서 저

---

7) 음양·오행의 이치로 길흉을 판단하며 재앙으로 인한 불운을 물리침을 목적으로 하는 학문이다. - 편집자 주.

말의 힘을 높이면 꿈이 이루어진다!

는 앞 시대의 가치관을 이어받아 다음 세상에 활처럼 펼쳐
나갈 사람입니다.

완전히 다르다는 것을 알 수 있을 것이다. A는 건강, 튼튼하
다는 셀프 이미지가 된다. B는 선대의 마음을 이어받아 그것을
펼치는 사람이라는 셀프 이미지가 된다. 자신의 이름을 어떻게
설명하느냐에 따라 셀프 이미지는 이렇게 달라진다. 이름을 어
떻게 설명해야 당신이 자기 이름에 대해 긍정적인 이미지를 가
지게 될까?
　당신 이름의 의미를 스토리로 생각해보자.

성공하는 경영자의 습관

"네가 꿈을 이루게 된 가장 큰 비밀을 털어놔라. 그렇지 않으면 네 목숨은 날아갈 것이다."

만약 염라대왕에게 이렇게 위협을 받았다면, 당신은 무엇이라고 답하겠는가? 나는 솔직하게 "책을 읽는 습관입니다"라고 대답할 것이다. 왜냐하면, 책에는 양질의 말이 담겨 있기 때문이다.

독서는 당신의 말의 힘을 높이는 훈련이다. 물론 재미를 위해 소설을 읽는 것도 중요하다. 하지만 나는 성공한 경영자나 뛰어난 컨설턴트나 전문가가 쓴 책을 많이 읽는다. 이 같은 습관은 나만 그런 것이 아니다.

단기간에 성공하는 경영자를 관찰하면 놀라울 정도로 많은 책을 읽고 있다. 크게 성공한 경영자에게 묻자 "경영은 센스"라고 했다. 그 센스를 연마하기 위해 많은 책을 읽고 있다고 한다. 마이크로소프트나 혼다, 메리어트 등을 클라이언트로 가지고 있는 마케팅 분석 소프트웨어 개발 회사 '트랙메이번(Track-Maven)'의 창업자 겸 CEO인 앨런 가넷(Allen Gannett)에 의하면, '센스는 콘텐츠의 소화량에 비례한다'라는 것이 최신 과학으로 밝혀졌다고 한다. 성공한 사람일수록 콘텐츠에 하루의 20%를 소비한다고 하니, 책을 많이 읽는 것은 성공하기 위한 최저

말의 힘을 높이면 꿈이 이루어진다!

조건이라고 할 수 있다.

책에는 다른 매체에서는 얻을 수 없는 매력이 있다. 그 최대 매력은 유사 체험에 있다. 뛰어난 경영자와 학자들이 몇 년에 걸쳐 체험하고 연구한 성과를 몇 시간 안에 배울 수 있다. 성공 뿐만 아니라 실패의 체험도 배울 수 있는 것은 매력이다. 책을 읽지 않는 사람은 대단한 핸디캡을 가지고 있다고 볼 수 있다.

독서의 효과는 단순히 지식이 늘어나는 것만이 아니다. 시간 이 늘어 생각하는 힘과 행동력도 높아진다. 여기서 '시간이 는 다'라는 것이 무슨 의미일까? 그것은 책을 읽는 습관이 몸에 배 면 1년=12개월이 마치 14개월, 24개월처럼 늘어난다는 것이다.

한 조사에 의하면, 사람은 하루에 2시간이나 고민의 시간을 가 진다고 한다. 하지만 책을 읽으면, 그 고민에 대한 해결책을 자 연스럽게 찾을 수 있다. 매일 2시간 고민하면, 일주일이면 14시 간, 한 달이면 60시간이 된다. 1년으로 생각하면 730시간이다. 책을 읽으면 이 시간을 아낄 수 있게 된다.

게다가 독서를 하면 생각하는 힘이 키워지고 아이디어가 점점 생긴다. 왜 점점 아이디어가 생기는 것일까? 책이라는 정보의 자극을 받으니 새로운 발상이 나오는 것이다. 새로운 발상이 나 오니 이는 행동으로 이어진다. 새로운 행동계획이 생겨 자발적 으로 행동할 수 있는 것이다. 책은 음악이나 영화라는 수동적인 미디어와는 달리 자발적인 미디어이기에 독서를 함으로써 당신 의 행동력은 자발적으로 높아진다.

책을 많이 읽는 것이
'말의 힘'을 높인다

　책을 많이 읽는 것은 꿈을 이룬 사람의 공통적인 특징이다. 꿈을 이룬 사람일수록 책을 읽는 습관이 있다. 자신의 말을 갈고 닦는 것이다. 하지만 나는 20살이 될 때까지 책을 전혀 읽을 수가 없었다. 물론 읽고 싶은 책은 있었다. 그러나 읽을 수가 없었다. 침대에 들어가서 책장을 펴면 꿈나라로 갔다. 다음 날에도 마찬가지로, 책을 펼치고 나서 20분 후에는 잠이 들어버렸다.

　이렇게 반복해서 읽으니 당연히 머릿속에는 아무것도 남지 않았다. 어제 읽은 것을 다시 반복해서 읽다 보니 결국 1년에 1권, 많아야 3권이었다. 이게 내 평균 권수였다. 굉장히 심한 수치가 아닐 수 없다.

　하지만 지금은 다르다. 이런 나도 매일 몇 권의 책을 다 읽고 있다. 하루 1권이라고 해도 놀라울지 모르나, 지금은 여러 가지 활동을 매일 하면서도 하루에 몇 권을 읽는다. 책을 사는 데 연간 500만 엔가량을 써서 평균 3,000권이 넘는 책을 매년 읽는다. 지금까지 2만 권의 책을 읽었다. 이렇게 빨리 많은 책을 읽어도 머리에는 남아 있다. 게다가 내가 원하는 정보를 적확하게 얻을 수 있게 되었다.

　이렇게 빨리 책을 읽을 수 있게 된 이유는 속독을 배웠기 때문이다. 그중 하나가 포토리딩이다. 포토리딩이란 명칭에서 알 수

말의 힘을 높이면 꿈이 이루어진다!

있듯이 문장을 사진처럼 읽어나감으로써 정보 처리 속도를 비약적으로 높이는 획기적인 방법이다.

나는 이 방법을 배운 후, 그것을 바탕으로 세계 각국의 속독, 가속학습법을 연구했다. 또한 뇌과학, 인지심리학, 고전을 연구해 새로운 속독법인 공명 리딩을 개발했다.

관심 있으신 분은 꼭 나의 전작인《1권 20분, 읽지 않고 이해하는 대단한 독서술》을 참고하길 바란다.

여기에서는 순식간에 독서 속도를 높이는 요령을 전하려고 한다.

순식간에 독서 속도가 빨라지는 요령

1. 호흡을 편안하게 한 후 읽는다.
단 1분 동안 느긋하게 숨 쉬는 것만으로도 의지력, 집중력이 높아진다는 것이 스탠퍼드대학교의 의지력 연구를 통해 밝혀졌다.

2. 글자가 보이지 않을 정도로 빠르게 책을 넘기면서 읽는다.
문자를 훌훌 넘기는 것으로 친숙함이 생기기 쉬워진다.

3. 읽는 목적을 정한다.
우리의 뇌는 명확한 목적을 가진 순간, 목적을 달성하기 위해 필요한 정보를 찾아오게 된다.

조지워싱턴대학교 교수이자 심리학자인 윌리엄 스틱스러드(William Stixrud)는 최신 연구에서, 디지털화된 사회에서는 독서 본연의 자세가 달라졌다고 이야기한다.

스틱스러드 교수에 의하면, 우리는 디지털 정보에 계속 잠겨 있음으로써 시각 정보에 대한 뛰어난 기억력과 디지털 정보를 읽어내는 방법을 실천적으로 배우는 능력을 갖추었다고 한다. 그리고 그것은 시각 정보 처리 방법뿐만 아니라 독서법마저 바

말의 힘을 높이면 꿈이 이루어진다!

꿔버렸다고 말한다.

지금까지의 독서는 직선적으로 진행되는 것이었다. 정신을 차리고 한 줄씩, 한 페이지씩 읽어간다. 저자의 의견을 제대로 파악하는 것이 목적이었다. 그러나 지금, 컴퓨터 작업에 많은 시간을 보내는 현대인은 읽는 법이 달라졌다. 키워드를 찾아 연결시켜 나가는 이른바 '주워 읽기'를 하는 것이다.

그렇기에 기존의 독서 목적인 '쓰인 글의 내용 파악하기'뿐만 아니라 거기에 덧붙여 쓰인 글의 내용을 파악하는 중에 일어나는 '저자와의 대화'가 필요하다. 당신이 그 글에서 느껴지는 저자와의 만남, 때로는 공명하거나 반발하며 그 대화 속에서 새로운 것을 만들어나가는 것이 요즘 독서의 묘미다.

그러기 위해 우선은 자신에게 중요한 것, 자신이 원하는 정보에 관한 키워드를 찾아 연결해가는 주워 읽기부터 해도 좋다. 말의 힘을 연마하기 위해, 그리고 꿈을 이루기 위해서 책을 많이 읽는 것을 추천한다.

EMPOWER 법칙 5 | '새로운 재능에 눈뜨는' 장면 시나리오 만들기

W(Wanted) : 새로운 재능에 눈뜨는 장면

팀이 생기기 때문에 개인이 매몰되고 만다.
나 자신의 새로운 힘이나 경험이 필요해진다. 그 힘이란 도대체 뭘까.

 팀을 뛰어넘어 더 높은 곳으로 자신을 성장시키기 위해
필요한 것은 무엇일까?
어떤 분야의 압도적인 넘버원, 온리원이 되어 있는가?

 당신이 재능을 발휘하고 있을 때, 몸은 어떤 느낌이 드는가?
그때 입고 있는 패션은 어떤 것인가?
어떤 소리나 목소리가 주위에서 들려올까?

 당신이 재능을 발휘하고 있는 장면은 어떤 장면인가?

 당신은 재능을 발휘할 때 어떤 감정인가?
재능을 발휘해서 어떤 감정을 맛보고 싶은가?

꿈을 이룰 수 있는 트레이닝

 꿈을 이루는 과정에서 어떤 재능이 새롭게 필요할까?

 꿈을 이루는 자신의 직함과 프로필이란?

 거울에 비치는 자신을 향해 어포메이션을 하는 습관을 기르자.

말의 힘을 높이면 꿈이 이루어진다!

POWER
OF
WORDS

최대 난관의
등장

POWER
OF
WORDS

최대 난관과
유사 죽음

그날은 갑자기 찾아온다. 생각한 것 이상으로 빨리, 그리고 갑자기. 자신의 힘이 드디어 꽃피웠다고 생각한 것도 잠깐, 큰 난관이 불쑥 찾아온다. 당신이 꿈을 이루던 중에 갑자기 궁지에 빠지는 일이 있다.

영화에서 반드시 주인공은 유사 죽음을 맞이하게 된다. 〈해리 포터〉 시리즈에서 해리는 볼드모트의 하수인 때문에 그리고 본인의 결정으로 죽을 뻔한다.

〈스타워즈 에피소드 5 - 제국의 역습〉에서 루크 스카이워커는 다스 베이더에 의해 팔이 잘리면서 더는 순수한 인간일 수 없었다. 팔을 잃음과 동시에 다스 베이더의 정체를 알게 된다. 그리고 새로운 기계 팔로 루크는 전혀 다른 인물이 된다.

주인공은 한번 유사 죽음을 맞이함으로써 지금까지와는 전혀 다른 시각을 얻는다. 지금까지는 단 한 방향만의 관점만으로 살아왔지만, 전혀 다른 관점을 얻음으로써 새로운 나로 변모하는 것이다.

당신도 꿈을 이루기 위해서는 유사 죽음이 필요하다. 이는 크게 변해가는 분기점이다. 이전의 당신 힘을 한번 소멸시킬 필요가 있다. 이 유사 죽음이 당신의 새로운 면을 만들어주는 것이다.

나는 벤처기업에서 린치를 당해 목에 붉은 손자국이 남을 정도로 목이 졸려 하마터면 죽을 뻔했다. 매출이 늘고 있었는데 갑작스러운 컨설팅 계약 해지도 당했다. 임원회에 참석했다가 쿠데타를 당해 해고된 적도 있었다.

이는 앞에서도 이야기했지만, 내 인생에서 가장 큰 난관이었다. 지금은 이 경험이 있기 때문에 새로운 콘텐츠나 방법을 만들어내었고, 이를 크게 확장시킬 수 있었다. 하지만 모든 사람이 이러한 일을 겪을 필요는 없다. 최대 난관은 당신이 어떻게 그려나가느냐에 따라 달렸다. 당신은 어떤 식으로 자신의 스토리 설정을 바꿔나갈 것인가?

말의 힘을 높이면 꿈이 이루어진다!

당신의 부정적인 스토리는 이렇게 생겨난다

　최대 난관은 사실 몇 번이고 반복된다. 그것은 오래된 상처다. 사회에 나오고 나서 자신이 성공해서 잘 풀리고 있다고 생각했을 때, 그 현상은 딱지가 벗겨진 것처럼 당신 앞에 다시 나타난다. '성공했다', '잘 풀리고 있다'라고 생각했는데 왜 그런 일이 일어날까? 당신 안에 잠자는 '부정적인 스토리'가 있는 것이다.

　나는 어렸을 때 여동생과 쌍둥이 남동생이 태어날 때 조부모님 집에 맡겨졌다. 훗날 커서 부모님께 그 기간을 물어보니 겨우 한 달 정도였다고 한다. 그럼에도 나에게 그 시간은 영원이라고 할 정도로 길게 느껴졌다. 그리고 나는 '부모님이 소중하게 여기지 않는다'라고 느꼈을 것이다. 당연하지만, 형제가 생기면 부모의 관심은 어린 자녀에게로 간다. 나에 관한 관심은 점차 줄어들게 된다. 게다가 쌍둥이 남동생이 어느 날 죽게 된 후, 나는 부모님의 사랑을 앞으로도 받을 수 없다고 생각했다. 그럼에도 나는 남동생의 몫까지 살겠다고 정했다.

　심리학에서는 '어떻게 해서 부모의 관심을 자신에게 돌렸느냐'가 그 사람의 행동 패턴이 되기 때문에 중요시된다. 어떤 사람에게 그것은 '착하게 행동하는 것'일 수도 있고, 어떤 사람에게는 '잘못을 비는 것', 어떤 사람에게는 '나쁜 일을 하는 것'이 된다. 그 행위를 통해 부모님의 관심을 얻을 수 있다는 것을 확인하면 이번에는 그것을 반복하게 되고, 이는 점차 버릇이 된다.

착한 아이를 연기함으로써 관심을 얻은 아이는 좋은 아이를 계속 연기한다. 나쁜 아이를 연기함으로써 관심을 얻으면 점점 나쁜 아이가 되어간다. 사실은 그냥 부모의 따뜻함을 느끼고 싶었을 뿐인데, 그냥 돌아보길 바랐을 뿐인데, 그게 자동적인 행동 패턴이 되어버리는 것이다.

그리고 그 행동 패턴은 작동하고 있을 때는 괜찮은데, 점점 작동하지 않게 된다. 결과적으로 그 상황이 반전될 가능성이 생기는 것이다. 좋은 아이를 연기하고 있던 아이는 좋은 아이를 연기하는 것이 싫증 나서 나쁜 아이가 된다. 나쁜 아이를 연기하고 있던 아이는 갑자기 모범생이 되는 식이다.

말의 힘을 높이면 꿈이 이루어진다!

트라우마의 반복을
극복하라

이런 일에는 유아기의 경험뿐만이 아니라 학창시절의 경험도 포함된다. 나는 중학교 1학년 때, 반 전원으로부터 따돌림을 당했다. 그 원인은 나에게도 있었다고 생각한다. 초등학교 6학년 때 이사를 와서 중학교는 나 혼자만 다른 학교에 진학했다. 입학했을 때부터 커뮤니케이션 언어가 달랐다. 문화도 달랐다. 반에서 일어난 일을 내 탓으로 하는 일이 생겼고, 이런 일들이 점차 많아졌다. 그때의 경험이 내 인생의 트라우마가 되었다.

반 전원에게 따돌림을 당하기 전에 조금 친해진 아이는 나에게 "너 그렇게 행동하면 미움받을 거야"라고 말했는데, 당시 나는 그 의미를 알지 못했다. '무섭다', '특이하다', '이상하다', 그렇게 험담을 듣는 사이 따돌림을 받게 되었다. 하지만 나는 전혀 굴하지 않았다. 굴하지 않았기 때문에 오히려 점차 그 행위가 확대되어갔다.

아이들은 반에서 일어나는 문제의 대부분을 내 탓으로 돌렸다. 너무 억울하고 슬퍼서 어느 날 나는 창문을 크게 걷어찼다. 큰 소리가 나면서 유리로 된 문이 깨졌다. 그 순간, 반의 분위기가 달라졌다. 하지만 그 이후 아무도 나에게 말을 걸지 않게 되었다. 이후, 2학년이 되었고 1학년 때 아무도 나에게 말을 걸지 않았던 것이 거짓말처럼 느껴질 만큼 상황이 달라졌다. 그것은 내가 옆자리 친구에게 공부를 가르쳐준 것이 계기가 되었다. 단지 그것만으로 상황이 크게 달라진 것이다.

이 경험을 통해 내 안에서 슬프고, 억울하며, 외로운 감정을 채우려고 '화를 내는' 행위가 머릿속에서 긍정적인 피드백을 받았다. 그래서 힘든 일이 있을 때나 괴로운 일을 당했을 때, 자신에게 여유가 없을 때 '화를 내는' 행위를 반복하게 되었다. 일이 잘 풀려서 도움이 필요할 때도 나는 역시 '화를 내는' 버릇이 생겼다.

그리고 이 '화를 내는' 행위가 여러 번 나온 후에 일어나는 일은 믿고 있던 친구나 사람의 배신이다. 그때 상대는 보통 이렇게 말한다. "너 싫어", "이제 너랑 같이 일하기 싫어." 이와 비슷한 대사를 여러 번 들었다. 더욱이 그런 상황을 쫓는 것처럼 그 후 나에게 일어나는 모든 부정적인 일은 다 내 탓이 되어버린다. 말 그대로 '트라우마의 반복'이다.

'무섭다', '특이하다', '무슨 소리를 하는지 모르겠어', '이상하다'라고 들으면, 이런 경험이 플래시백(flashback)된다. 이 대사들은 마치 내 안에서 스위치처럼 되어 있었던 것이다.

이런 일은 누구에게나 있는 일일 것이다. 남들이 보기에는 사소한 일이라도 본인에게는 무거운 법이다. 나 자신만이 특별하다고 생각하지 않기 때문에 솔직하게 당신한테 이렇게 이야기한다. 이 반복은 굉장히 괴롭다. 심지어 몇 번이고 반복된다. 그 경험을 숨기지 않고 전부 밝혔다. 이 책을 읽고 있는 독자 여러분에게는 이러한 경험을 하게 하고 싶지 않기 때문이다.

물론 과거의 좋은 경험도 많다. 중학교 2학년 때 옆자리 친구

말의 힘을 높이면 꿈이 이루어진다!

에게 공부를 가르쳐준 일은 내 인생을 바꿔놓았다. 마찬가지로 대학생이 되어서 바뀐 것도 다른 사람을 가르쳐주었기 때문이었다. 사회인이 되어서도 마찬가지였다. 그래서 나는 '남에게 가르쳐준다', '남을 돕는다'라는 행동을 좋아한다. 그것이 계속 이어지고 그 마음이 커져서 지금은 컨설턴트로 일하고 있으며, 세미나나 강연회에서 다른 사람에게 가르치는 일을 하고 있다.

어떤 클라이언트는 다른 사람이 자신에게 관심을 가졌으면 할 때, "마음대로 해"라고 말했다고 한다. 사실은 자신을 우선 시했으면 좋겠는데, 그것이 힘들어지자 자주 그 말을 하게 되었다. 하지만 이 말로 인해 항상 소중한 사람이 떠나버리는 경험을 하게 된다.

여기에서 생각해봤으면 하는 것은 '꿈이 이루어지는 과정에서 어떤 트라우마가 생기는가?' 하는 것이다. 당신이 항상 마지막 순간에 잘 안되는 것은 이렇게 과거의 경험이 플래시백되기 때문인지도 모른다.

이런 과거를 되돌아보는 것은 솔직히 괴롭다. 하지만 '이런 것이 언제나 발생하는 것일지도 모른다'라고 깨닫는 것만으로도 미래는 바뀌게 된다.

금기가 돌파구!
삐뚤어진 자신을 연출하라!

당신에게는 '이것만은 절대로 하고 싶지 않다', '이렇게 되고 싶지 않다'라며 스스로 금기시하고 있는 것이 있는가? 하지만 트라우마 반복의 돌파구는 금기시된 것을 허가하는 데 있다. 최대 난관은 자신이 설정한 성장의 한계에 의해 일어난다. 열심히 성실하게 살아가는 사람일수록 이 함정에 빠지기 쉽다. 지금이 탈출 타이밍이다.

성실한 사람일수록 추천하는 것은 이 금기를 행하는 것이다. 그렇다, 삐뚤어진 자신을 연출하는 것도 하나의 방법이다. 물론, 이 금기를 지금 당장 어기라는 것은 아니다. 금기를 의식하면, 그 금기에 '어떤 조건'을 더하면 자신은 그 방법을 받아들일 수 있는지 생각해보자. 지금까지 하지 않은 일을 하면 금방 성과를 낼 수 있다.

나에게 그것은 세일즈 라이팅이었다. 여기서도 초심자의 행운이 발휘되어 쓰면 쓸수록 점점 팔리는 시기가 이어졌다. 하지만 이틀 만에 200석, 700만 엔 정도 팔린 글을 쓴 직후 갑자기 쓸 수 없게 되었다. 쓰려고 하면 할수록 점점 더 쓸 수 없게 되었다. 나중에 돌이켜 보면 내 안에서 '반드시 오리지널 문장이어야 한다'라는 것이 사고를 차단하고 있었다.

물론 완전한 오리지널은 이 세상에 존재하지 않는다. 그럼에

말의 힘을 높이면 꿈이 이루어진다!

도 불구하고 오리지널이어야 한다고 줄곧 믿고 있었던 것이다. 나는 그래서 그동안 스스로 금기시했던 과거에 팔렸던 세일즈 레터를 그대로 베껴 쓰기로 했다. 베껴 쓰면서 리듬과 템포를 익혔다. 타자를 치는 것뿐만 아니라 여러 번 소리를 내서 읽어 내려감으로써 그 리듬과 템포가 몸에 스며들도록 했다. 그리고 그 리듬, 템포를 몸에 익힌 상태에서 글을 썼다. 그러다 보니 내 문장이 돌아왔다. 점점 쓰는 것이 즐겁고 편해졌다. 자연스럽게 내 글을 쓸 수 있게 되었다.

트라우마 반복의 돌파구는 당신 안에 잠들어 있는 재능이다. 당신이 무의식적으로 금지하고 있는 것은 무엇일까? 당신 안에 있는 금기를 다시 설정하고 허가해보자.

'설레는 일', '좋아하는 것'만 하려는 마음이 실패하는 이유

많은 이들의 고민 중 하나는 '돈'이 아닐까? '성공했으면 좋겠다', '돈을 많이 벌고 싶다'라는 마음은 누구나 가지고 있다. 하지만 '성공했으면 좋겠다'라는 것과 '성공을 향해서 행동한다'라고 하는 것 사이에는 큰 갭이 있다.

'행동한다는 것은 제대로 버는 것이다'라고 멘토는 나에게 자주 말했다. 꿈을 이루기 위해서는 '버는 힘'도 필요하다. 왜냐하면, 버는 힘은 당신의 꿈의 실현을 가속화시켜 주기 때문이다. 그래도 많은 사람이 벌고 싶어도 좀처럼 벌지 못할 것이다. 우리는 어릴 때부터 '돈에 욕심내서는 안 된다', '돈을 가져서는 안 된다'라는 교육을 받아왔다. 하지만 당신의 꿈을 가속화시키려면 역시 돈이 필요하다. 그렇다면 어떻게 시각을 바꾸는 것이 좋을까?

'설레는 것, 좋아하는 것을 하다 보면 성공한다', '세상을 위해 노력하다 보면 돈은 점차 따라온다.' 이런 말을 책이나 누군가의 이야기로 들어봤을 것이다. 이 말들은 듣기에는 굉장히 좋아 보인다. 이 말을 듣고 기분이 좋다면 그것으로 괜찮다. 하지만 현실은 만만치 않다. 자신을 설레게 만드는 것으로 돈을 벌려고 해도 대부분의 경우 잘되지 않는다.

나는 지난 10여 년 동안 이 말에 현혹된 사람이 사업을 시작

말의 힘을 높이면 꿈이 이루어진다!

하는 것을 여러 번 봤다. 안타깝게도 잘된 사람은 그리 많지 않다. 솔직하게 말해 자신을 설레게 만드는 것을 통해 돈을 벌려고 하는 것은 복권만큼이나 당첨 확률이 낮다. 1등을 맞출 확률은 2,000만 분의 1이다. 2,000만 번 도전해서 1번 당첨될까 말까다.

그럼 어떻게 해야 할까? 우선 당신의 돈에 대한 이미지를 바꿀 필요가 있다. 그 규칙은 다음의 3가지다.

꿈을 이룰 수 있는 돈을 버는 힘을 키우는 법

1. 돈에 대한 긍정적인 이미지를 가지고 애정 표현을 한다.
2. 자신의 연봉은 자신이 정한다.
3. 누군가의 아픔을 치유하는 '벌 수 있는 말'을 사용한다.

다음 장에서는 이 순서에 대해서 자세히 이야기해보려고 한다.

부자는 돈에게
말을 건다

나는 20살 무렵, 부자들과 굉장히 많이 만났다. 부자들에게 이 야기를 들어보면, 각각의 신념이 있다는 것을 깨달았다. 예를 들 어, 다음과 같은 신념이다.

'지폐 번호는 8이 좋다.'
'지갑은 지퍼 방식의 검은 장지갑이 좋다.'
'지폐는 머니클립에 꽂는 것이 좋다.'
'지폐는 가지런히, 같은 방향으로 맞춰서 넣으면 돈이 들어 온다.'

많은 사람은 이런 말을 들었을 때, 왜 이런 어리석은 짓을 하 는지 이해가 안 될지도 모른다. 습관은 다양하지만, 부자들은 순 수하게 돈을 좋아한다는 공통점이 있다. 좋아하니까 돈이 모인 다. 그들은 진심으로 돈을 소중히 여긴다.

인상 깊었던 것은 한 상장사 임원이었던 멘토가 가르쳐준 습 관이다. 지폐가 들어오면 다리미로 주름을 펴야 한다. 물을 분무 기로 뿌리면서 "고맙다"라고 말하면서 중간 기온에 맞춰서 단 숨에 다림질한다. 그러면서 이러한 가르침을 주었다.

말의 힘을 높이면 꿈이 이루어진다!

"이렇게 고맙다고 말하면서 돈의 주름을 펴면 돈이 또 들어와."

또한, 일본 제일의 점쟁이 멘토로부터 "지폐는 쓸 때 마음속으로 '고마워'라고 말하면서 한 번 흔들면 돈을 데리고 돌아온다"라는 말을 들었다.

보통 사람들은 돈으로 살 수 있는 물건이나 서비스를 좋아하지만, 부자들은 '돈 그 자체'를 좋아한다. 통장을 바라보며 미소 짓고 있다. 그들은 정말 돈을 사랑하고, 돈에 애정을 표현한다. 그리고 '돈에 대한 철학'을 가지고 있고, 돈에 말을 건다. 당신도 돈을 손에 쥘 때마다 돈에 '고맙다'라고 감사의 마음을 가져보자.

'내 연봉은 1,000만 엔'이라고 종이에 썼더니 이루어졌다!

나는 벤처회사에 다니던 시절, 0에서 시작해 수억 개의 비즈니스를 탄생시켰다. 다만 출범한 지 얼마 되지 않아서 연봉은 적었다. 그래서 이 일을 계속해나가야 하는지 고민하기도 했다. 그 벤처회사에서 나는 한 가지 실험을 해보기로 했다. 바로, '자신의 연봉을 내가 결정한다'라는 것이다.

그때 '내 연봉은 1,000만 엔'이라고 종이에 적어서 양복 안주머니에 넣어두었다. 그러자 몇몇 기업에서 일 제의가 왔다. 그 의뢰는 월 5만 엔의 업무였지만, 계약서를 자세히 살펴보니 인센티브가 붙어 있었다. 그렇게 나는 계약서에 사인하고 정신없이 열심히 일했다. 너무 즐거웠다. 아침 6시에 출근해 새벽 3시에 돌아오는 생활을 했음에도 새로운 프로젝트였기 때문에 그저 즐거웠던 것이다. 정신을 차려보니, 인센티브는 굉장히 높아졌고, 내 연봉은 1,000만 엔이 넘어 있었다.

당신의 연봉은 당신 자신이 결정하는 것이다. 거짓말이라고 생각된다면, 우선 종이에 당신의 희망금액을 써서 몸에 지녀보길 바란다. 그러면 당신도 그 연봉을 받을 수 있게 될 것이다.

말의 힘을 높이면 꿈이 이루어진다!

악마와 같은 '돈을 벌 수 있는 말'은 누군가의 아픔을 치유한다

가치란, '정보의 배열'로 결정된다. 이것은 내 멘토의 가르침이다. 예를 들어 렉서스와 토요타는 차라는 구조는 같다. 하지만 같은 업체가 만들더라도 크게 다르다. 한쪽은 프리미엄 브랜드이고, 다른 한쪽은 대중적인 브랜드다. 그 차이는 정보와 배열에 있다. 이 정보의 배열이야말로 '돈을 벌 수 있는 말'로 이어진다. 내가 독립한 지 얼마 안 되었을 무렵, 이것은 내가 먹고살기 위한 비장의 카드가 된 방법이다.

당시 나는 여러 번 신사업 창립을 경험했지만, 문장에 자신감이 없었다. 사업을 시작한 후, 영업력은 자신이 있었지만, 문장력은 전혀 없었다. 하물며 독립한 시점에는 프리랜서였기에 글쓰기 능력이 필요했다. 한 달에 몇 번의 세일즈 레터를 통해 월급을 벌어야 했다. 그럴 때 다시 공부한 것이 카피라이팅(다이렉트 마케팅)이다. 처음부터 다시 배우고 실천해보니 생각지도 못할 만큼 성과가 나왔다.

한 통의 메일을 성공시키면 매출은 5만 엔, 10만 엔으로 점점 늘어나 정신 차려보니 100만 엔이 되어 있었다. 단 한 통의 메일로 이틀 만에 1만 엔짜리 강좌가 100석 넘게 팔렸다. 여러 개의 연 매출 1,000만 엔 이상의 세미나 콘텐츠도 프로듀싱할 수 있게 되었다. 마치 내 영혼을 악마에게 판 것처럼 메일을 보내는 것만으로 고객이 모인 것이다.

나는 이것을 '악마의 문장술'이라고 부른다. 방법은 어떤 순서로 문장을 쓰는 것이다. '악마'라고 표현하긴 했지만, 사실 그 포인트는 사람의 아픔을 치유하는 말에 있다.

덧붙여 이것은 일본에 DRM(다이렉트 리스폰스 마케팅)을 도입해 이것을 널리 알린 간다 마사노리 씨의 노하우나 고전이라고 일컬어지는 로버트 콜리어(Robert Collier), 존 피플스, 테드, 니콜라스의 노하우, 또 최근의 콘텐츠 라이터인 앤 핸들리(Ann Handley)나 카피라이터인 레이 에드워즈(Ray Edwards)에게도 공통적인 부분이다.

말의 힘을 높이면 꿈이 이루어진다!

압도적으로 물건이 팔리는 악마의 문장술

악마의 문장술은 어쨌든 팔린다. 영혼을 악마에게 판 것처럼 어떤 순서로 글을 쓰면 상품과 서비스는 놀랄 정도로 팔린다. 그리고 비즈니스에서 중요한 것은 타이밍과 사람의 아픔을 아는 것이다. 남의 아픔에 관심만 기울일 수 있으면 물건은 팔린다.

그 순서의 참고가 된 것은 간다 마사노리 씨가 제창하고 있는 'PASONA의 법칙'이다. 'P : 문제(Problem), A : 친밀감(Affinity), S : 해결책(Solution), O : 제안(Offer), N : 제한(Narrowing down), A : 행동(Action)'이다.

또한, 해외에서는 저명한 카피라이터 레이 에드워즈가 저서 《How to write copy that sells》에서 P, A, S, T, O, R이라는 프레임워크를 제창하고 있다. 'P : 사람, 문제, 고통, A : 증폭, S : 스토리와 해결책, T : 변혁과 증언, O : 제안, 성과물(물건), R : 반응'으로 되어 있다.

나는 이것들을 사용하다가, 'EMPOWER 법칙'으로 대체했다. 이것은 다음과 같다.

악마의 문장술

E【긴급성】: 고객이 직면하고 있는 문제나 원하는 욕구의 '장면'을 명확히 한다.

M【지금까지의 모델】: 그 문제를 가까이 느끼도록 과거에 경험한 같은 아픔이나 소망의 '장면'을 그린다.

P【문제와 힘】: 그 문제는 어렵다. 하지만 문제 해결, 욕구를 실현할 방법이 있음을 전한다.

O【기능】: 샘플, 고객의 목소리, 가격, 혜택 등 구체적인 제안, 기능, 구성을 설명한다.

W【재능】: 제안을 받아들이고 문제 해결함으로써 새로운 이점을 얻을 수 있는가?

E【난관】: 긴급하게 행동해야 하는 이유를 들어 행동하게끔 끌어당긴다.

R【신세계】: 상품을 구입함으로써 인생이 어떻게 변하는가? 그 새로운 세계를 전한다.

예를 들어, 스티브 잡스는 프레젠테이션에서 이 법칙을 사용한다. 아이폰 발매 당시의 프레젠테이션 역시 이렇게 되어 있다.

E : 몇 년에 한 번, 모든 것을 바꿔버리는 제품이 있습니다.

M : 애플은 그동안 Mac, iPod 등의 뛰어난 제품을 내놓았습니다.

P : 오늘 혁명이라고 할 만한 신제품 3개를 발표하려고 합니다.

O : 와이드 화면에 터치 조작을 할 수 있는 아이팟, 혁명적이라고 할 수 있는 휴대 전화, 획기적인 인터넷 통신기입니다.

W : 3개의 독립된 기기가 아니라 하나의 독립된 디바이스인 것입니다. 그 이름은 아이폰입니다. 애플이 오늘날의 전화

말의 힘을 높이면 꿈이 이루어진다!

를 재창조합니다.

E : 스마트폰의 기본 조작을 외우는 것도 싫고 버튼도 바꿀
　　수 없습니다.

R : 아이폰에는 모든 것이 들어 있습니다.

이 문장 기술은 매우 효과적이다.

성공이라는 이름의 갈등

최대 난관이란 성공 앞에 올지도 모른다. 자신이 하고 싶었던 일을 하다 보면 실현된 후에 대부분의 사람이 이렇게 말한다.

"내가 원했던 것은 이런 것이 아니야."

여러 사람을 끌어들여 꿈을 이루었음에도 그것을 손에 쥐자 "사실은 이러고 싶지 않았다", "나는 하기 싫었다"라며 주변 사람을 당황하게 만든다. 의사결정을 하고 모든 것을 실행하는 것은 자신이다. 그 결과에 대해 책임지지 않는 태도는 옳지 못하다.

노스캐롤라이나대학교에서 임상심리학을 가르치는 미치 프린스틴(Mitch Prinstein) 교수는 저서 《POPULAR(인기)의 법칙》에서 이러한 마음의 변화를 7단계에 맞춰 설명한다.

1단계 : 고양감 – 사람들의 주목과 존경에 굉장히 기뻐한다.

2단계 : 압도 – 어떻게 해야 할지 모르겠다.

3단계 : 초조함 – 나를 내버려둬.

4단계 : 의존증 – 이 천국은 언제까지 계속될까?

5단계 : 분열 상태 – 이것은 진짜 내가 아니야.

6단계 : 외로움과 우울함 – 아무도 몰라준다.

말의 힘을 높이면 꿈이 이루어진다!

7단계 : 상태로부터의 도피 - 가장 원하는 건 이것이 아니야.

우리는 성공하면 다른 사람의 이미지와 스스로의 모습에 대한 갭에 시달린다. 그리고 세간의 이미지와 자신이 하고 싶은 일이 멀어지는 것을 괴로워한다.

대부분의 경우, 시장에서 요구하는 것과 당신이 하고 싶은 것은 완전히 일치하지 않는다. 비록 잘되더라도 그것은 일시적인 것으로, 곧 멀어진다.

음악의 세계로 예를 들어보겠다. 유명 프로듀서가 붙어서 만든 음악이 세상에 큰 평판을 받으며 팔린 아티스트가 있다. 하지만 자신들이 하고 싶은 음악은 이런 게 아니라며, 차기작은 스스로 프로듀싱하고 작곡한다. 그 결과, 전혀 팬들의 반응을 끌어내지 못한다. 이런 일은 곧잘 발생한다. 그것을 눈치채는 것이 중요하다. 그 후, 자신들의 음악을 추구하며 해산한 아티스트도 있고, 추구하다가 팬이 적어지긴 했지만, 열심히 부활한 아티스트도 많다. 중요한 것은 '당신이 어떤 세계를 만들어가고 싶은가'다.

'신의 장부'와
'고마움 장부'

인생은 때때로 잔혹하다. 자신이 응원한 상대는 크게 성공했지만 결국 자신은 도와주기만 하다가, 남은 것은 아무것도 없다. 의외로 이런 경우는 굉장히 많다. 나 역시 그랬다. 내 친구나 클라이언트는 굉장히 잘되었다. 십수억 엔을 버는 사람도 있고, 연봉이 배로 늘어난 사람도 많다. 상상 이상으로 잘 풀렸다. 나는 그들이 성공할 때까지 아이디어를 제공하며 열심히 노력했다. 언젠가 그 공헌이 나에게 반드시 돌아올 것이라고 믿었다. 하지만 실제로는 달랐다. 사람은 돈을 가지면 인격이 변한다. 변해버린 사람에게 시간과 돈과 노력을 쏟아부어 버린 나는 사람 보는 눈이 없었을지도 모른다.

사람의 욕망은 무한하다. 웬만한 성공으로 만족하면 좋을 텐데, 실제로는 만족하지 못하고 다른 사람과 비교하며 고민한다. 비교하지 않는 것이 좋다고 생각하면서도 이런 것이 몇 년이고 이어진다. 자신 안에서 검은 뭔가를 느끼고, 그것을 느낄 때마다 자신이 싫어진다. 좋은 일을 했다고 생각했는데 왜 이렇게 괴로운 것일까.

르네상스 시대의 천재 레오나르도 다빈치(Leonardo da Vinci)를 연구하던 시절, 나는 어떤 발견을 했다. 코시모 데 메디치(Cosimo de Medici)라는 인물에 관심을 두게 된 것이다. 메디치

말의 힘을 높이면 꿈이 이루어진다!

가문은 은행가, 정치인, 후원자로 알려져 있다. 르네상스 시대의 천재, 보티첼리(Sandro Botticelli), 레오나르도 다빈치, 미켈란젤로(Michelangelo Buonarroti), 도나텔로(Donatello) 등을 배출했다. 코시모는 그 초석을 마련한 인물이다.

코시모는 다양한 사업에 복식부기를 사용한 것으로도 알려져 있다. 그리고 경영 장부뿐만 아니라 비밀 장부라는 것도 갖고 있었다. 그 비밀 장부 중 하나로 빨간 가죽 표지로 된 수첩이 있다. 그것은, 'God's account(신의 장부)'라고 쓰인 수첩으로, 코시모가 그동안 얼마나 신에게 공헌했는지가 적혀 있는 장부다.

신으로부터 은총을 받아 얻은 부와 교회 및 수도원 건축과 개조를 위해 이루어진 기부, 어려운 사람들과 동포를 위해 한 지원 등이 기록되어 있다. 당시의 코시모는 고통스러웠을 것이다. 좋은 일을 하려고 했지만, 본업인 은행은 돈 빌려주는 업무가 주였다. 이자를 받는 것은 《성경》의 가르침으로 금지되어 있었다. 그는 그 고통에서 벗어나기 위해 기록하고 있었는지도 모른다.

나는 여기서 영감을 얻어 '고마움 장부'를 만들기로 했다. 과거 자신이 얼마나 남을 위해, 그리고 세상을 위해 공헌해왔는지를 쓰기 시작했다. 물론 하늘이 준 좋은 기회도 적었다. 이 '고마움 장부'에는 아직 현금화되지 않은 내용도 기록되어 있다. 사람에 대한 응원은 이타심이기 때문에 자신에게 돌아오지 않는 경우가 많다. 그것은 알고 있다. 알고 있지만, 역시 마음이 약해졌을 때는, 아무래도 보답받지 못하는 기분이 든다. 이 '고마움 장부'를 쓰는 것은 이러한 사람이나 사회에 대한 공헌이 눈으로 보이게 되기에 그것을 확인하는 것만으로도 안심이 된다.

'고마움 장부'를 보면서 '하늘은 나라는 존재를 사용해서 어떤 일을 하고 싶은가?'라고 묻는다. '하늘은 아직 이 기여에 대해 대가를 치르지 않았다. 하늘이 나에게 부를 줌으로써, 나는 나라는 재능을 사용해 주위 사람을 더욱 풍요롭고 행복하게 할 수 있다'라고 생각하고, 마음을 다잡는 것이다.

코시모도 분명 신의 장부를 보고 글을 쓰면서 돈을 번 것에 대한 죄책감에서 벗어났을 것이다. 나도 아직 멀었다고 생각하면서도 '고마움 장부'를 보며 채워지지 않는 감정을 풀고 있다.

말의 힘을 높이면 꿈이 이루어진다!

성공 갈등을 극복하는 '고마움 노트'

꿈을 이루는 동시에 자신의 금기에 손을 대면 악마에게 영혼을 판 기분이 든다. 컨설팅이나 프로듀싱을 해오면서 그런 사람들을 여러 명 봐왔다. 앞서 설명한 '성공이라는 이름의 갈등'이 있을 것이다. 그런 경우, '고마움 노트'를 추천한다. 매일매일 '고맙습니다'라고 말을 계속해도 생각 외로 고맙다고 생각되지 않는 경우가 있다. 뭔가 잘되지 않을 때일수록 일상에 감사하지 못하는 경우가 많은 법이다.

2017년 독일 프랑크푸르트 북페어에 갔을 때 특이한 부스가 있었다. 영성 쪽으로 유명한 출판사인 헤이하우스다. 이 출판사로부터 도린 버츄(Doreen Virtue)를 비롯한 수많은 베스트셀러 작가가 태어났다. 그 창업자였던 고(故) 루이스 L. 헤이(Louise L. Hay)의 수많은 저서 중에《love your body》라는 책이 있다. 이 책은 굉장히 놀랍다. 자신의 몸 부위에 감사하고 어포메이션을 외치는 것이다.

이 책의 영향을 받아 내 몸에 감사하게 되었다. 그 어포메이션은 다음과 같다.

나의 사고야, 고마워. 내 생각은 내 몸의 아름다운 기적을 인식시켜줘. 나는 살아 있는 것에 감사하고 있어. 나는 어포메이션을 외우는 것이 나 자신을 치유하는 힘을 가지고 있다는 것을 알아.

내 눈아, 고마워. 나는 완전한 비전이 있어. 나는 세상에 있는 모든 것이 명확하게 보여. 나는 과거도, 현재도, 미래도 내다볼 수 있어. 나는 인생에 일어나는 일 중에서 선택할 수 있어. 나는 인생을 통해 새로운 관점을 얻을 수 있어.

내 귀야, 고마워. 내 주위에 일어나는 조화로운 소리를 들을 수 있어. 나는 좋은 소식이나 사건을 들을 수 있어. 나는 눈에 보이지 않는 메시지를 들을 수 있어. 나는 귀를 통해 여러 사람의 목소리와 의견을 받을 수 있어.

내 코야, 고마워. 나는 다양한 세계의 냄새를 맡을 수 있어. 나는 이 세상에 일어나는 다양한 사건들의 본질을 알아챌 수 있어.

내 입아, 고마워. 나는 다양한 멋진 아이디어를 말할 수 있어. 나는 새로운 개념을 내놓고 의사결정을 하고 진실을 털어놓을 수 있어. 또한, 나는 입을 통해 다양한 것을 맛볼 수 있어.

내 목소리야, 고마워. 나는 나 자신에 관해 말할 수 있어. 사랑과 기쁨을 노래할 수 있어. 내 말은 인생의 음악이야.

이것을 노트에 써나간다. 몸의 부위마다 고맙다고 말하는 것이다. 다음은, '주변 환경'이나 '장면'에 대해 고마움을 말해보자. 고맙다고 점점 노트에 써나가면 그것만으로 가득 채워진다. 감사로 가득 찬 나날로 변해가는 것이다.

말의 힘을 높이면 꿈이 이루어진다!

EMPOWER 법칙 6 | '최대 난관의 등장' 장면 시나리오 만들기

E(Encounter) : 최대 난관의 등장 장면

꿈을 이루기 위한 최대 난관에 부닥친다.
난관이라는 유사 죽음을 통해 인간적으로 큰 성장을 이룬다.

 당신의 꿈에서 최대 난관은 어떤 것일까?

 최대 난관에 봉착해 그것을 극복하고 있는
당신은 어떤 상태일까?

 최대 난관은 어떤 장소에서 발생했는가?
누가 있고 어떤 분위기가 난관일까?

 당신은 최대 난관을 통해 어떤 감정을 맛보고 싶은가?

꿈을 이룰 수 있는 트레이닝

 내가 무의식적으로 문제로 느끼는 것은 무엇인가?

 내가 금기로 여기며 활용하지 않았던 방법에
어떤 조건을 걸면 실행할 수 있는가?

 "나는 하늘이 주신 난관을 극복함으로써
새로운 세상을 만들겠다"라고 말하자.

제7장
EMPOWER 법칙 7

POWER
OF
WORDS

신세계의
탄생

POWER
OF
WORDS

당신이 꿈을 이룬
신세계는 어떤 세계인가?

　당신이 올바른 말과 감정으로 6가지 장면을 만들어냄으로써 이룬 꿈. 그것에 의해 어떤 신세계가 탄생할 것인가? 〈스타워즈〉 시리즈에서는 루크 스카이워크가 다스 베이더를 물리침으로써 일시적으로 은하계는 평화가 찾아온다. 〈악마는 프라다를 입는 다〉에서는 편집장 미란다의 추천으로 주인공 안드레아는 오랜 희망이었던 기자가 되었다.

　당신이 꿈을 이루면서 등장하는 신세계는 어떤 세계인가? 그 세계가 등장함에 따라 어떤 일이 일어날까? 예를 들어, 내 꿈은 1권을 20분 만에 읽을 수 있는 독서법인 '공명 리딩'을 전 세계 인구의 0.2%의 사람에게 알리는 것이다. 이로 인해 독서를 싫 어하는 사람이 없어지고, 독서로 꿈을 이루는 사람이 점점 늘 어나는 세상이 될 것이다. 당신은 어떤 세계를 등장시키고 싶은 가? 한번 생각해보자.

공명의 법칙

마지막 장에서 이야기하고 싶은 것은 공명의 법칙이다. '공명이 뭐야?'라고 생각하시는 분들도 많을 것이다. 공명의 법칙이란, 파동에 의해 만물이 소통하고 있다는 것이다. 우리가 알고 있는 세상의 모든 것은 저마다의 속도로 진동하고 있다. 인간의 장기와 세포도 진동하고 있다. 심장의 '쿵쾅쿵쾅' 하는 고동에 우리 자신도 진동하고 있다.

물질의 에너지를 조사하면 많은 것이 진동하고 있음을 알 수 있다. 물질을 고정화하는 것은 주파수를 어느 정도 일정하게 유지할 수 있기 때문이다. 그중에는 같은 주파수 혹은 비슷한 주파수로 진동하고 있는 물체도 있다.

예를 들어, 피아노를 생각해보자. 피아노는 건반을 치면 그 눌린 현과 공명한 모든 현이 똑같이 진동해 소리를 낸다. 피아노처럼 우리 세계는 모든 것에 주파수라는 파도가 얽혀 있고, 모든 것은 진동하고 있다.

공명하고 있는 한 계속 진동한다. 우리의 파동에 공명하는 사람이나 사물, 그리고 체험은 우리가 만들어낸 공명의 장에서 벗어날 수 없다. 그렇기 때문에 당신이 창조하고 싶은 세상은 어떤 세계인지 상상하는 것이 중요하다.

말의 힘을 높이면 꿈이 이루어진다!

신세계를 그리는 것부터 시작해보자

말의 힘을 높이면 신기하게도 자신이 정말 하고 싶었던 것이 보이게 된다. 미래의 자신이 되어 생각함으로써 생동감 있게 그 장면이 떠오르는 것이다. 장기적으로 꿈을 가속시키는 'EMPOWER 법칙'은 처음에는 'E : 긴급성'이 아니라 'R : 신세계'를 생각하는 것이 더 효과적이다(그렇기 때문에 앞 장에서 꿈을 찾는 방법을 설명하고 있다). R부터 시작해서 EMPOWE를 생각하고, 마지막으로 다시 한번 R을 생각하는 것으로, '미래 → 현재 → 과거'와 '과거 → 현재 → 미래'가 통합되어간다.

다시 한번 앞으로 돌아가 7가지 장면을 생각해보자.

신세계에서 시작하는 'EMPOWER 법칙'

R(Resonance) : 신세계의 탄생 장면
'꿈을 이루면 당신의 삶은 어떻게 변화할까?'
'당신이 재능을 꽃피움으로써 잘라낸 시들해지는 세계는 어떤 세계일까?'

E(Emergency) : 긴급한 장면
'당신의 꿈이 움직이기 시작하는 긴급성 높은 긍정적인 사건이란?'

M(Mentor & Muse) : 멘토 & 뮤즈의 등장 장면
'당신의 꿈을 이미 달성한 사람을 만난다면 어떤 인물이고, 어떤 장소에서 만나고 있을까?'

P(Problem & Power) : 장애물과 힘의 등장 장면
'새로운 일에 도전했을 때 항상 일어나는 장애란?'
'장애를 극복하는 계기가 되는 힘은 무엇인가?'

O(Organize) : 새로운 동료와의 만남 장면
'당신의 재능을 지탱하는 팀원이나 구조란?'

W(Wanted) : 새로운 재능에 눈뜨는 장면
'팀을 뛰어넘어 더 높은 곳으로 자신을 성장시키기 위해 필요한 것은?'
'어떤 분야의 압도적인 넘버원, 온리원이 되고 있는가?'

E(Encounter) : 최대 난관의 등장 장면
'당신의 꿈에서 가장 큰 난관은 어떤 것일까?'

R(Resonance) : 신세계의 탄생 장면
'꿈을 이루면서 당신의 삶은 어떻게 변화할까?'
'당신이 재능을 꽃피움으로써 개척될 세계는 어떤 세계일까?'

당신이 꿈을 이뤘을 때, 과연 어떤 신세계가 찾아올까? 생생하게 그려보자.

【WHEN】 꿈을 이룬 것은 언제일까?

【WHERE】 어떤 장소에 있을까?

【WHO】 당신을 응원해줄 사람은 어떤 사람일까?

【WHAT 1】 어떤 일을 해서 많은 사람을 풍요롭고 행복하게 할까?

【WHAT 2】 당신은 그때 어떤 감정을 품고 있는가?

【WHY】 왜 당신은 그런 멋진 일을 하게 되었는가?

【VISUAL】 어떤 것이 당신의 눈앞에 보이고 있을까?

말의 힘을 높이면 꿈이 이루어진다!

【AUDITORY】 어떤 기분 좋은 목소리와 소리가 들려올까?

【KINESTHETIC】 어떤 체감을 할 수 있을까?

【OLFACTORY】 어떤 기분 좋은 냄새가 날까?

【GUSTATORY】 어떤 것을 먹고 있을까?

10엔 동전에 숨겨진 비밀, 일본 최초의 시각화

　'한 고대 건축물'이 말의 중요성을 알려준다. 우리가 잘 아는 화폐에는 세련된 방법이 있다.

　엔화의 앞면에는 무엇이 그려져 있을까? '우지 평등원 봉황당'이 그려져 있다. 이 '우지 평등원 봉황당'에는 숨겨진 비밀이 있다는 것을 알고 있는가? 우지 평등원 봉황당은 영화를 누린 후지와라노 미치나가(藤原道長)의 아들 요리미치(藤原賴通)가 세운 것이다.

　요리미치는 나중의 정치분쟁 등을 일으켜 후세에 좋은 이미지는 아니지만, 사실 굉장히 좋은 사람이다. 그는 아버지가 이루지 못한 소원인 극락정토에 가는 꿈을 이루고자 불교를 조사한다. 하지만 어떻게 해야 할지 몰랐다. 그래서 여러 사람에게 물으며 다니다가 불승인 겐신(上杉 謙信)을 만났다.

　겐신은 요리미치에게 "나라면 당신을 확실히 극락정토로 인도할 수 있다"라고 말했다. 이 겐신이 말하는 '극락정토로 가는 방법'이 바로, '시각화'였던 것이다. 이는 겐신이 쓴 《왕생요집(往生要集)》에 적혀 있다. '부처님의 머리카락 개수를 알고 있습니까?', '복장은?', '크기는?' 하면서 생생하고 구체적으로 자세히 떠올리는 것이라고 쓰여 있다.

　그리고 요리미치는 이 시각화을 알게 된 후, 언제든지 극락을 구

말의 힘을 높이면 꿈이 이루어진다!

현할 수 있으면 좋겠다며 우지의 별장을 개축한다. 그것이 '우지 평등원 봉황당'으로, 일명 소극락이다. 상상을 실현하기 위해 시각화한 그곳은 이른바 소망 실현의 초기 형태였던 것이다.

또한, 우지의 땅은 일본 최초로《논어》를 계승한 우지노와키이라츠코(菟道稚郎子)와 인연이 깊은 땅이기도 하다. 우지노와키이라츠코는 오진천황(応神天皇)을 아버지로 둔 황자다. 왕인(王仁)으로부터《논어》를 배워 유교의 참뜻을 깊이 연구해 형에게 천황의 지위를 물려주었다. 말의 힘을 배우고 사고를 바꿔 행동을 이끈 것이다. 그렇기에 우리가 10엔 동전을 쓸 때마다 이 소망 성취의 힘이 작용하고 있다고 할 수 있다.

앞 장에서 설렘 리스트를 작성했는데, 이번에는 그것에 관한 구체적인 사진이나 동영상을 모아보자. 모은 후에 그 사진을 언어화하는 것이다. 즉, 그 사진을 보고 실제로 그 사진을 말로 표현해본다. 이는 최강의 훈련이다.

예를 들어, 당신은 집을 원한다고 하자. 그러면 당신이 원하는 집을 찾아 그 집의 사진을 인쇄한다. 지금까지의 성공법칙은 단지 시각화하는 상태로 끝나버리는 것이었다.

지금부터가 소망 실현의 비결이다. 인쇄한 그 갖고 싶은 집의 사진을 말로 묘사해보는 것이다. 만약, 하얀 집을 원한다면 '하얀 집에 산다'라고 쓰는 사람이 많을 것이다. 그럼, 여기에 하얀 집 몇 채가 있다고 한다면 어떨까? 그럼 하늘은 그 사람이 어느 하얀 집을 갖고 싶은지 몰라 헤매게 될 것이다. 그래서 구체적으로 써야 하는 것이다.

'하얀 집이고 2층짜리 다락이 있다. 기둥은 1층에 6개, 2층에 6개가 있다. 집 안의 눈앞에는 계단이 있고, 계단을 내려가면 빨간 의자가 4개 있다. 빨간 의자 앞에는 수영장이 펼쳐져 있다'라고 구체적으로 쓸 필요가 있다. 그 밖에도 주소나 어느 정도 금액의 집인지 써도 된다.

중요한 것은 원하는 것을 그냥 찾는 것이 아니라, 찾은 후에 제대로 언어화하는 훈련이다.

말의 힘을 높이면 꿈이 이루어진다!

당신의 '목소리'는
가장 강력한 소망 실현 도구

　당신의 가장 강력한 소망 실현 도구는 '목소리'다. 뛰어난 사람은 반드시 자신만의 독특한 좋은 '목소리'를 가지고 있다. 나의 멘토이자, 많은 능력개발 도구를 만들어낸 미국의 폴 쉴 리(Paul R.Scheele) 박사는 목소리가 굉장히 독특했다. 듣고 있는 것만으로도 트랜스(trance) 상태에 빠지게 했다. 그런 매력적인 목소리의 주인공이었다. 이는 폴 박사의 목소리가 '배음(倍音)'이기 때문이다.

　배음이란, 하나의 소리가 아닌, 두 소리 이상이 겹쳐서 들리는 소리다. 배음으로 말을 하면 그것이 현실화되기 쉽다.

　사실, 일본인은 원래 배음의 소유자였다. 그 이유를 전 TV 가나가와의 아나운서로 와세다 대학 국제언어문화연구소 초빙연구원 하라 요시에(原良枝) 씨는, 저서《소리의 문화사》에서 이렇게 말하고 있다.

　"일본의 모든 것은 소리를 흡수하기 쉬운 재질로 되어 있다. 그래서 목소리가 울리지 않는다. 목소리가 흡수되어버린다. 목소리를 제대로 전달하기 위해서는 배음을 만들어서 낼 필요가 있었던 것이다."

또 원래 일본인들은 글을 읽을 때 소리를 냈다고 한다. '묵독'과 '음독'의 역사를 살펴보면, 도쿄대학교 대학원 정보학 교수인 하시모토 요시아키(橋元良明) 씨에 의하면, 헤이안 시대의 여류 작가의 일기에서는, '보다'계 동사와, '읽다', '송독하다'계의 동사를 구분해서 사용하고 있는 것으로부터, 묵독은 헤이안 시대에 생겼다고 한다. 이러한 음독 문화는 다이쇼 시대까지 짙게 남는다. 일본인의 약 80%가 다이쇼 시대까지 묵독보다 음독했다고 하니 굉장히 놀랍다. 아마 그 음독도 배음이었을 것이다.

역사에서 활약한 엘리트들은 배음을 이용한 소독[8]을 통해 배우고, 자신의 목소리를 연마했다고 생각된다. 자신의 목소리를 연마하는 것은 말로 힘을 실어 전달하는 것이다. 이렇게 말의 힘을 높인 사람은 결국, 역사에 이름을 새기는 위인이 되었을 것이다.

---

8) 글 뜻을 상관하지 않고 소리내어 읽는 것이다. - 역자 주.

'배음'은 말을 뇌파에 직결해 꿈을 실현시켜준다

　헤미싱크(Hemi-Sync)로 유명한 먼로 연구소의 창설자인 로버트 먼로(Robert Monroe)는 어떤 발견을 하게 된다. 그는 오른쪽 귀와 왼쪽 귀에 약간 다른 주파수의 소리를 들려주면 뇌간에서 그 소리의 차이가 나는 것을 깨달았다. 이어서 그 신호가 양쪽 뇌로 전달되어 뇌파가 발생하는 것으로 나타났다. 여기서 헤미싱크가 태어났다.

　헤미싱크는 헤미스페릭 싱크로나이제이션(hemispheric syncronization)의 줄임 말로, 대뇌 좌우 반구가 동조한다는 뜻이다. 예를 들어, 오른쪽 귀에 100㎐, 왼쪽 귀에 105㎐의 소리를 들려주면 머릿속에서 5㎐의 뇌파가 발생한다.

　실제로 이 방법은 고대에서부터 사용되어왔다. 그중 하나가 바로크 음악이다. 바로크 음악은 바흐의 '푸가의 기법'을 비롯해 파이프 오르간을 이용해 연주되는 것이 많다. 이 파이프 오르간은 교회라는 장소 자체를 이용해 소리를 반향시키고, 소리의 주파수를 만든다. 이 주파수를 통해 그 자리에 있는 사람의 머리에 뇌파를 발생시켜 기적적인 체험을 하게 하는 것이다.

　마찬가지로, 일본의 불교와 신도에도 이 방법이 남아 있다. 불교 의식은 종파에 따라 다를 수 있지만, 보통 소중한 의식일수록 오른쪽 열과 왼쪽 열로 나뉘어 불경을 외운다. 이 오른쪽 열과 왼쪽 열로 나누어 불경을 겹쳐 울림으로써 주파수를 만들고 있다.

신도도 마찬가지다. 신에게 제사 지낼 때 연주하는 무악이나 신에 대한 공물 등의 기도에서도, 오른쪽 열과 왼쪽 열로 나뉘어 축사나 주문, 아악 등을 겹쳐 울려 주파수를 만든다.

앞서 설명했듯이 일본의 모든 것은 목소리가 울리지 않는 소리를 흡수하기 쉬운 재질로 만들어졌다. 목소리를 제대로 전달하기 위해 배음을 만들어냈을 뿐만 아니라 이 소리 사이의 간격을 통해 주파수를 만들고 있었던 것이다.

배음은 우리 말의 힘을 배가시킨다. 그냥 말이었던 것을 뇌파와 직결되는 말로 바꾸는 것이다. 그래서 고대 사람들은 배음을 사용함으로써 그 힘을 배가시키고 있었던 것이다.

말의 힘을 높이면 꿈이 이루어진다!

어포메이션을 몸에 걸치는 일본 전통 비법

2019년 11월 14일, 15일, 대상제가 거행되었다. 대상제는 새로운 천황이 정식으로 천황이 되기 위한 의식이다. 매년 열리는 니나메사이 행사에서 새 천황이 즉위할 때만 이 의식이 된다.

이 '대상제'에서 가장 중요하게 여겨지는 것이 바로 신의(神御衣)[9]다. 신의는 삼베로 만든 변변치 않은 옷과 비단으로 만든 옷을 말한다. 이 천에 천황의 정보가 입력됨으로써 신의가 된다. 즉, 새 천황은 대상제에서 이 신의를 입음으로써 천황이 되는 것이다. 우리도 비슷한 일을 할 수 있다.

> **몸에 걸치는 '옷'에 정보를 입력하는 방법**
> 1. 당신의 미래에 활약할 때 입을 이상적인 옷을 구한다.
> 2. 당신이 활약하고 있을 때의 말(어포메이션)을 그 이상적인 옷에 걸어 입력한다.
> 3. 그 옷을 입음으로써 이상적인 당신이 된다.

단순하지만 이것은 매우 효과적이다. 내 지인 중에 패션 스타일리스트가 있다. 그는 패션 스타일을 바꿈으로써 성공하는 사

---

9) 신이 착용하는 의복이다. - 역자 주.

람을 여러 번 목격했다고 말했다. 예를 들어, 연 매출 1억 엔이 넘는 물건을 판매하는 회사의 여성 사장이 있다. 이 회사는 최근 2년 사이 직원 수는 변하지 않았고, 매출은 6배 규모가 되었다. 이 여사장의 성공 이유는 굉장히 단순하다. 옷차림을 바꾼 것이다.

그동안 입었던 옷은 패스트 패션이나 운동복이 대다수였다. 그녀는 그 이미지를 간절히 바꾸고 싶었다. 어느 정도 사업이 궤도에 오르자, 그녀는 전속 스타일리스트를 고용해서 스타일리스트가 시키는 대로 패션을 바꿨다.

그 패션에는 비밀이 있었다. 그것은 사장의 미래를 상상하고 코디한 것이다. 즉, 그 패션에 미래 그 사장이 빛나고 있는 모습을 상상하고, '어떤 평판을 얻고 있는가'라는 정보를 입력한 것이다.

이런 사례는 그 외에도 많다. 중요한 것은 미래의 모습을 패션에 접목하는 것이다. 그저 패션을 바꾸는 것만으로도 효과가 있다. 패션을 바꾸는 것만으로 의식이 바뀐다. 옷 스타일을 바꾸거나 안경을 바꾼다. 또는 머리를 염색하는 등, 이런 일을 함으로써 지금까지의 당신과 결별하고 새로운 자신을 연출할 수 있다.

'고작 그것만으로 잘 풀릴 리가 없잖아'라고 생각할지도 모른다. 많은 사람이 이렇게 의심하며 행하지 않는다. 그 결과, 행한 사람만이 점점 성공해가는 것이다. 당신의 미래는 어떤 모습일지 상상해보자. 그리고 그 모습이 되었을 때, 주변에서 어떤 말을 할지 상상한 후, 그 말을 옷에 불어넣어 보자.

말에 의해 힘을 높이는 패션을 몸에 걸침으로써 당신의 새로운 세계가 시작된다.

말의 힘을 높이면 꿈이 이루어진다!

미래, 현재, 과거를 통합함으로써 탄생하는 미래

앞에서 이야기한 '대상제'는 헤이세이(平成)와 레이와(令和) 시대를 통합하는 의식이기도 하다.

앞에서 대부분의 사람들은 '과거 → 현재 → 미래'라는 시간 감각의 함정에 빠져 있기에, 그것을 '미래 → 현재 → 과거'로 바꿔써 보자고 이야기했다. 하지만 실제로는 둘 다 중요하다. '과거 → 현재 → 미래'와 '미래 → 현재 → 과거', 모두를 합함으로써 새로운 내가 태어난다.

그것을 어우르기 위해서는 역시 '감사'가 필요하다.

【현재】 당신은 미래가 좋아지길 바라고 있다.

        =

【과거】 당신은 미래(현재)가 좋아지길 바라고 있었다.

현재는 미래에 대해 응원을 보내고 있다. 그러면 과거로부터 미래였던 현재에 대해 응원을 받는 셈이다. 그럼, '미래로부터 응원받는' 경우에는 어떻게 하면 좋을까?

그것은 당신이 과거의 집착을 내려놓고 감사를 하는 것이다.

【현재】 당신은 과거에 감사하고 있다.

　　　　=

【미래】 당신은 과거(현재)에 감사하고 있다.

이처럼 현재에서 과거에 감사함으로써 미래에서 과거인 현재에 감사하게 된다. 미래에 대한 응원, 과거에 대한 감사를 함으로써 시간을 통합한다.

그러므로 '고맙다'라고 한마디 하며, 당신의 과거에 감사하자. 이 고맙다는 한마디로 당신의 꿈은 움직이기 시작한다.

대상제에서 헤이세이와 레이와가 합쳐져 새로운 시대가 탄생한 것처럼, 새로운 당신의 세계가 감사로부터 태어난다.

말의 힘을 높이면 꿈이 이루어진다!

EMPOWER 법칙 7 | '신세계의 탄생' 장면 시나리오 만들기

R(Resonance) : 신세계의 탄생 장면

당신이 꿈을 이루면 새로운 세계가 탄생한다. 그 세계는 당신이라는 존재가
재능을 꽃피우게 됨으로써 누군가가 치유되거나 구원받는 세계다.

 당신이 재능을 꽃피우고 꿈을 이룸으로써
열리는 세계는 어떤 세계일까?

 꿈을 이룬 당신은 어떤 식으로 만족하고 있을까? 그리고
어떤 상태일까? 패션, 주위 사람, 몸의 감각, 미각, 청각은
어떨까? 무엇에 감사하고 있을까?

 꿈을 이룬 당신은 어디에 있을까?
어떤 장소에서는 어떤 감각이 느껴질까?

 꿈을 이룬 당신은 어떤 감정을 맛보고 있는가?

꿈을 이룰 수 있는 트레이닝

 당신은 이 꿈을 이루는 여행을 통해
어떤 세계를 실현하고 싶은지 생각해보자.

 지금까지 이미지화한 EMPOWER의 말, 장면, 감정을 연결하자.
그것은 당신의 꿈을 이루는 스토리가 된다.

 미래, 현재, 과거를 통합하기 위해 과거의 자신에게 감사하자.

모토오리 노리나가가 찾은 '말의 힘'

《고사기》의 말의 힘을 일깨운 인물

여기까지 읽어주셔서 감사하다. 이제 당신은 꿈을 쓰면 이루어진다는 비밀을 알게 되었다. 마지막으로 말의 힘에 대해 알아낸 모토오리 노리나가(本居宣長)에 대해 이야기하고 싶다.

이 책의 집필 의뢰를 받기 전, 나는 동료들과 함께 이세신궁, 쿠마노산샤에 참배하러 갔다가 돌아오는 길에 갑자기 마쓰자카에게 들르게 되었다. 마쓰자카는 내가 일본 역사상 가장 경애하는 모토오리 노리나가가 태어나 자란 곳이다.

그렇게 나는 이세신궁, 쿠마노산샤에 이어, 노리나가가 살았던 집을 방문할 수 있게 되었다. 심지어 마침 그때가 운 좋게도 1년에 일주일밖에 공개하지 않는 노부나가의 방이 공개된 시기였기에 나는 그 방에 들어가 석양을 바라보는 영광을 누릴 수 있었다.

그로부터 몇 개월이 지난 후, 전작《1권 20분, 읽지 않고 이해하는 대단한 독서술》을 담당해주신 가네코(金子) 편집장으로부터, '꿈을 이룬다'라고 하는 테마에 관한 책의 집필 의뢰를 받았다. 어떤 인연의 힘이 느껴졌다. '꿈을 이룬다'라는 문장에서 제일 먼저 떠오른 것은 '말의 힘'이었다. 말은 노리나가 일생의 테마였다.

말의 힘을 높이면 꿈이 이루어진다!

노리나가는 지금의 신도의 초석을 마련한 사람이다. 지금의 신도는 노리나가의 연구를 바탕으로 만들어졌다. 그 상징이 일본의 가장 오래된 신화가 담긴 《고사기》다.

최근에는 신사 열풍이 불어 《고사기》를 읽는 분들이 많아지고 있다. 노리나가는 이 《고사기》를 1000여 년 만에 부활시킨 사람이다. 노리나가는 《고사기》를 연구하면서 '말은 마음이고 형태다. 사람은 말을 통해 알게 되고 사물을 인식하게 된다. 고대의 말을 아는 것은 고대를 아는 것이다'라고 생각하며, 가장 오래된 문헌 《고사기》 읽기를 부활시켰다. 그 연구는 대단했다. 그는 멘토인 국학자 가모노 마부치(賀茂眞淵)를 만나 연구를 시작한 후 35년이 지날 무렵, 《고사기전》을 멋지게 완성할 수 있었다. 이 완성은 마부치와 노리나가, 두 사람의 꿈의 실현이었다.

일반적으로 《고사기》는 묵독하는 분들이 많지만, 원래는 다르다. 소리를 내야 알 수 있는 것이 《고사기》다. 《고사기》는 히에다노 아레(稗田阿礼)가 암송한 것을 오노 야스마로(太安萬侶)가 적은 축사라는 설도 있다. 즉, 《고사기》는 소리의 책이라는 것이다. 《고사기》의 주석서인 《고사기전》에는 노리나가가 35년에 걸쳐 연구하고 도달한 고대 말소리가 있다. 가장 오래된 문헌인 《고사기》의 소리를 부활시킴으로써 그 당시에 살았던 사람의 말과 문화를 알 수 있을 것으로 생각하며 노리나가는 생애를 걸었다.

노리나가는 이 연구를 통해 일본 고유의 말에는 신이 깃든다는 것을 깨달았다. 한 음, 한 음을 소중히 여겼던 고대인들은 말을 이용해서 꿈을 이루기 위해 상태, 장면, 감정을 표현하고 와카(일본 고유의 시)를 읊는다. 즉, 일본 문화는 이 말의 힘으로 이루어져 있다.

'덕분'의 무한 연쇄

또 노리나가는 감사를 말로 표현하는 사람이었다. 우리는 '덕분에'라는 말의 무한 연쇄로 이루어져 있다. 우리는 조상 덕분에 태어나 주변 사람들, 다음 세대의 사람들, 그리고 말이 적힌 물건들, 자연과 같은 것들 덕분에 지금 이렇게 서 있다.

코타이 신궁의 철찬(撤饌)[10]을 할 때, 위생을 위해 씌어둔 젓가락 봉투에는 식사 예절과 노래 두 수가 적혀 있다.

식전 식후에 마음을 가라앉히고 앉아서 한 번 절하고 한 번

---

10) 제사가 끝난 뒤에 제사 음식을 거두어 치우는 것이다. - 역자 주.
11) 천조대신, 일본 신화에 등장하는 태양신이다. - 역자 주.
12) 일본 신화에 등장하는 곡식의 여신이다. - 역자 주.

말의 힘을 높이면 꿈이 이루어진다!

손뼉 친 후, 각각 노래를 부르고, '잘 먹겠습니다'라고 말한다.

식사 전, 정좌한 후 한 번 절하고, 한 번 손뼉 친다.

たなつもの 百の木草も 天照す 日の大神の めぐみえてこそ

세상 모든 목초도 아마테라스 오미카미[11]의 은총이 있기에 존재한다.

(잘 먹겠습니다.)

식사 후, 정좌한 후 한 번 절하고, 한 번 손뼉 친다.

朝宵に 物くうごとに豊受の 神の恵みを 思へ世の人

아침저녁으로 먹을 때마다 도요우케 오미카미[12]의 은총을 생각하자, 세상 사람아.

(잘 먹겠습니다.)

　　이 두 수는 노리나가가 읊은 것으로 타마보코 햐쿠슈《玉鉾百首》에 실려 있는 노래다. 노리나가는 식사 때마다 아마테라스 오미카미 덕분에 만물의 생명이 있고, 나아가 도요우케 오미카미 덕분에 음식을 먹을 수 있으니 감사가 중요하다고 생각했다.

고맙다는 말 한마디로 꿈은 이루어진다

　모토오리 노리나가 기념관에는 '은뢰도'라는 그림이 남아 있다. 이 '은뢰도'는 노리나가의 학문 계보를 담고 있다. 다시 말해, 노리나가가 어떤 은혜를 받았는지가 그려져 있는 그림이다.

　이 '은뢰도'가 재미있는 것은 멘토 가모노 마부치나 게이쥬(契沖), 지인, 문하생뿐만 아니라 자신을 세상에 내려준 요시노 미쿠마리 신사, 부모님, 나아가 고대의 무라사키 시키부(紫式部), 후지와라 사다이에(藤原定家), 공자의 이름까지 적혀 있다는 것이다. 그리고 자신을 비판한 오규 소라이(荻生徂徠), 이토 토가이(伊藤東涯)의 이름도 있다. '이 사람들 덕분에 내가 있다'라는 것이 느껴지는 그림이다.

　이 그림을 보고 새삼 '꿈을 이룬다'라는 것은 하늘, 부모, 멘토, 라이벌, 뮤즈, 동료들 덕분에 성립될 수 있다는 것을 느낀다.

　마지막으로 이 자리를 빌려 수많은 멘토, 친구들에게 다시 한번 감사드린다. '덕분에'와 '감사'의 정신이야말로 말의 힘을 높이고 꿈을 이룰 수 있는 비밀 중 하나이며, 다음 세대로 이어가야 할 가치관이라고 생각한다. 그러므로 '고맙다'라는 한마디를 통해 함께 꿈을 이루자.

말의 힘을 높이면 꿈이 이루어진다!

당신의 꿈을 말로 표현하고, 장면을 떠올리며, 감정을 맛보고, 꿈을 현실화시키자. 미래의 당신과 과거의 당신, 그리고 현재의 당신 상상을 공명시켜 꿈을 이루자. 꿈을 이루고 감사의 정신을 다음 세대에 남기자. 당신의 꿈이 이루어지길 바라면서.

말의 힘을 높이면
꿈이 이루어진다!

제1판 1쇄 2023년 4월 5일

지은이 와타나베 야스히로
옮긴이 최윤경
펴낸이 한성주
펴낸곳 ㈜두드림미디어
책임편집 배성분
디자인 디자인 뜰채 apexmino@hanmail.net

㈜두드림미디어
등   록   2015년 3월 25일(제2022-000009호)
주   소   서울시 강서구 공항대로 219, 620호, 621호
전   화   02)333-3577
팩   스   02)6455-3477
이메일   dodreamedia@naver.com(원고 투고 및 출판 관련 문의)
카   페   https://cafe.naver.com/dodreamedia

ISBN   979-11-966048-1-3 (03320)

"
말의 힘을 높이면
꿈이 이루어진다!
"